Jo-Jo

Mathematik 3

Arbeitsheft

Fördern

Herausgegeben von
Dr. Andrea Schulz

Erarbeitet von
Dr. Lorenz Huck
Jana Köppen
Dr. Andrea Schulz

Cornelsen

Inhaltsverzeichnis

Besuch im Koala-Haus

Bei Bedarf mit Material oder Zahlbildern arbeiten; bewusstmachen, dass man das Ergebnis einer Aufgabe „Zehner plus einstellige Zahl“ weiß und nicht zählen/rechnen muss; ebenso die Umkehraufgaben; Schlüsselaufgaben bei Malaufgaben wiederholen

Übungen zum Addieren bis 100

① Kleine Aufgaben – große Aufgaben. Male und rechne.

6 + 3 = ____	4 + 4 = ____	50 + 20 = ____	72 + 4 = ____
5 + 2 = ____	46 + 3 = ____	2 + 4 = ____	64 + 4 = ____
60 + 30 = ____	40 + 40 = ____	35 + 2 = ____	20 + 40 = ____

② Welches Bild gehört zu welcher Aufgabe? Verbinde und rechne.

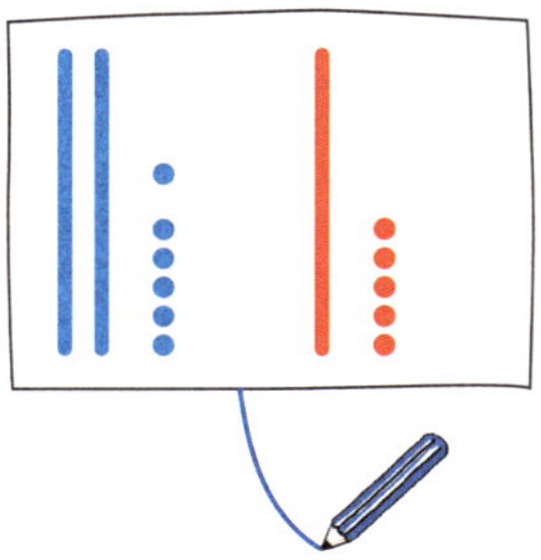
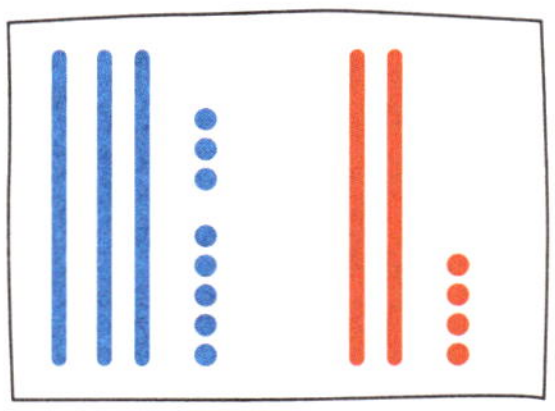
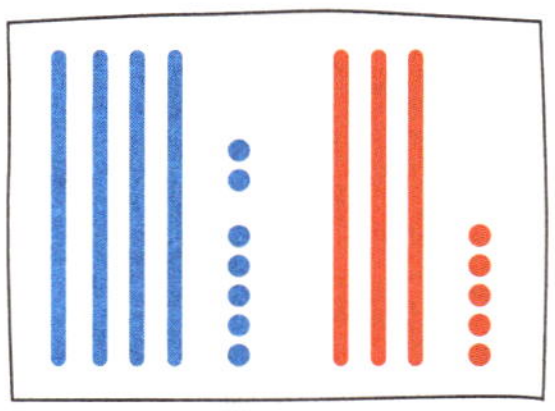

47 + 35 = ____ 26 + 15 = ____ 38 + 24 = ____

③ Rechne zuerst die Aufgaben ohne Zehnerübergang. Male an.

42 + 42	34 + 15	66 + 25
36 + 36	62 + 33	49 + 34

Ohne Zehnerübergang	**Mit** Zehnerübergang
42 + 42 = ____	____
____	____
____	____

Bei Bedarf mit Material arbeiten; Wiederholen der Darstellungen; Strategien „Kleine Aufgabe – große Aufgabe oder „Schrittweises Rechnen" ohne und mit Zehnerübergang (ZÜ) thematisieren und dazu sprechen; Erkennen von Aufgaben ohne und mit ZÜ

Übungen zum Subtrahieren bis 100

1. Kleine Aufgaben – große Aufgaben. Male und rechne.

8 – 3 = ____	5 – 2 = ____	50 – 20 = ____	38 – 3 = ____
6 – 4 = ____	80 – 30 = ____	24 – 3 = ____	46 – 4 = ____
40 – 30 = ____	65 – 2 = ____	60 – 40 = ____	4 – 3 = ____

2. Welches Bild gehört zu welcher Aufgabe? Verbinde und rechne.

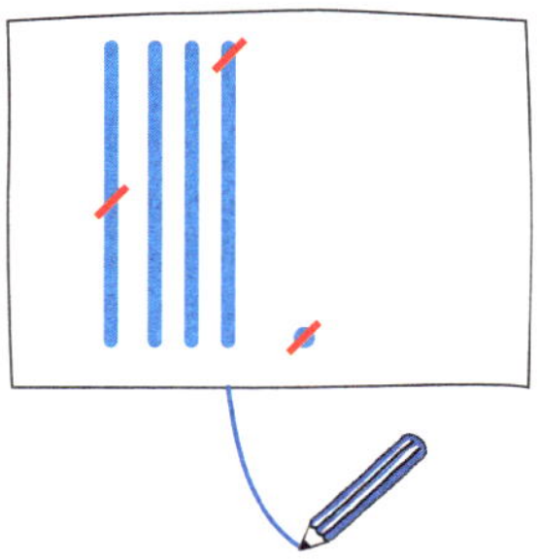
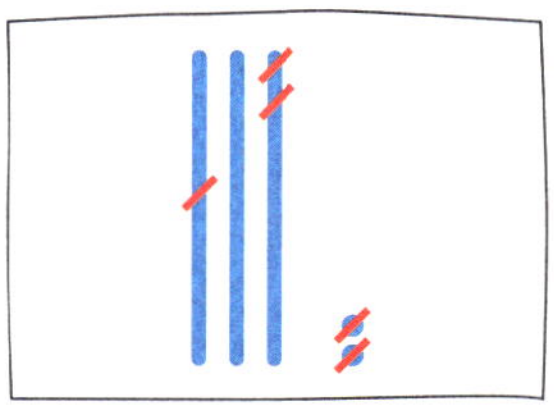
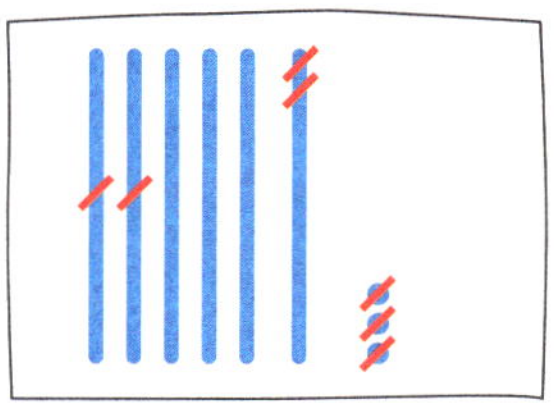

32 – 14 = ____ 63 – 25 = ____ 41 – 12 = ____

3. Rechne zuerst die Aufgaben ohne Zehnerübergang. Male an.

84 – 42 | 48 – 24 | 66 – 29 | 65 – 32 | 74 – 25 | 53 – 15

Ohne Zehnerübergang	**Mit** Zehnerübergang
84 – 42 = ____	____
____	____
____	____

4. Schreibe Aufgaben ohne und mit Zehnerübergang auf. Löse sie.

Bei Bedarf mit Material arbeiten; Wiederholen der Darstellungen; Strategien „Kleine Aufgabe – große Aufgabe oder „Schrittweises Rechnen“ ohne und mit Zehnerübergang (ZÜ) thematisieren und dazu sprechen; Erkennen von Aufgaben ohne und mit ZÜ

Übungen zum Multiplizieren bis 100

1 Schreibe zu jedem Bild zwei Malaufgaben. Löse sie.

a) 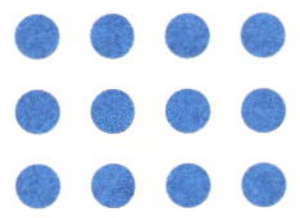

____

____

b) 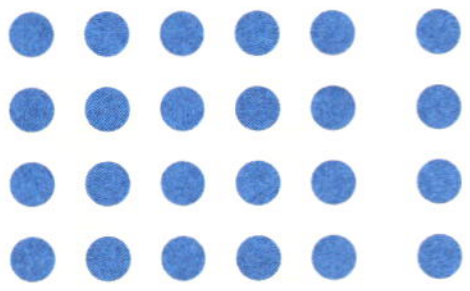

____

____

c) 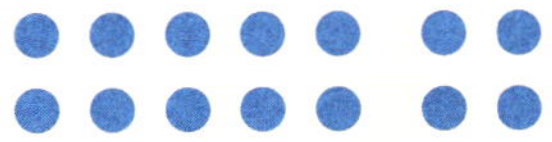

____

____

2 Male zu jeder Aufgabe ein Punktefeld. Löse die Aufgaben.

a) $3 \cdot 6 =$ ____

b) $4 \cdot 5 =$ ____

c) $2 \cdot 8 =$ ____

3 

a)	b)	c)
$1 \cdot 2 =$ ____	$1 \cdot 4 =$ ____	$1 \cdot 8 =$ ____
$2 \cdot 2 =$ ____	$2 \cdot 4 =$ ____	$2 \cdot 8 =$ ____
$10 \cdot 2 =$ ____	$10 \cdot 4 =$ ____	$10 \cdot 8 =$ ____
$5 \cdot 2 =$ ____	$5 \cdot 4 =$ ____	$5 \cdot 8 =$ ____

4

a)	b)	c)	d)
$2 \cdot 3 =$ ____	$2 \cdot 6 =$ ____	$1 \cdot 9 =$ ____	$2 \cdot 7 =$ ____
$4 \cdot 3 =$ ____	$3 \cdot 6 =$ ____	$3 \cdot 9 =$ ____	$4 \cdot 7 =$ ____
$6 \cdot 3 =$ ____	$4 \cdot 6 =$ ____	$5 \cdot 9 =$ ____	$6 \cdot 7 =$ ____
$8 \cdot 3 =$ ____	$5 \cdot 6 =$ ____	$7 \cdot 9 =$ ____	$8 \cdot 7 =$ ____

5 Schreibe zu einer Einmaleinsreihe alle Aufgaben mit Ergebnis auf.

1 und 2 Wiederholen der Darstellung von Malaufgaben; bei Bedarf mit Plättchen arbeiten und weitere Alltagsbeispiele für Malaufgaben suchen **3** Schlüsselaufgaben auch für weitere Malfolgen wiederholen **4** Bei Bedarf mit Plättchen arbeiten

Übungen zum Dividieren bis 100

(1) Teile auf.

a) 8 : 2 = ____ b) 15 : 3 = ____ c) 16 : 4 = ____

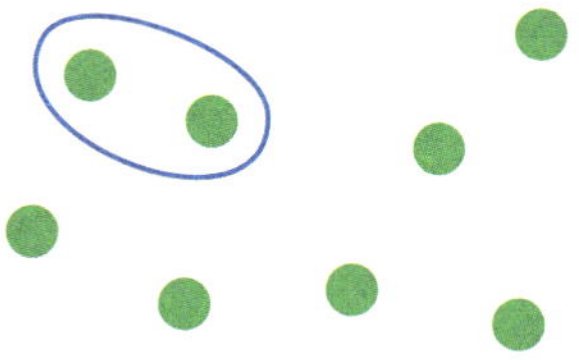

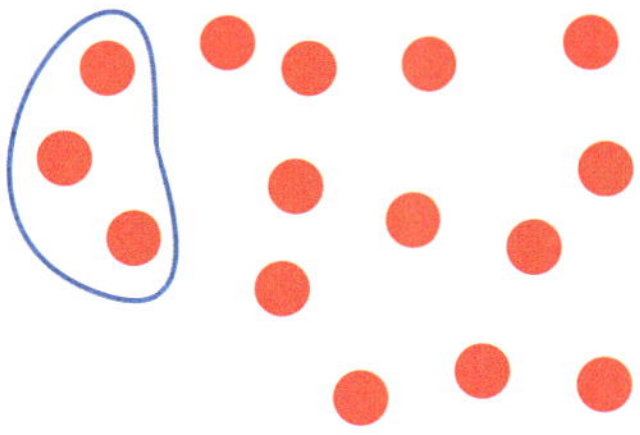

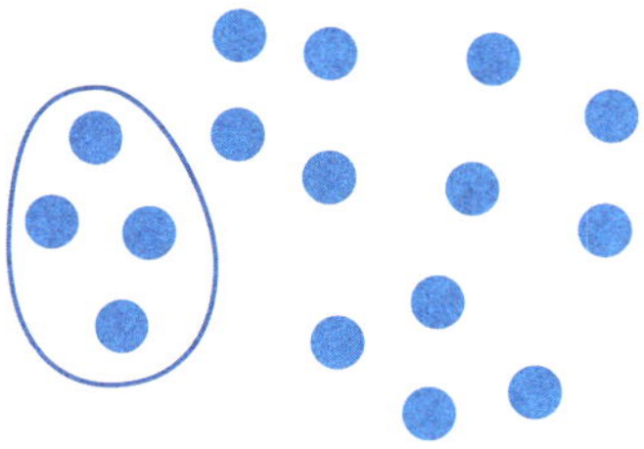

(2) Rechne zu jedem Punktefeld die Aufgabenfamilie.

a)

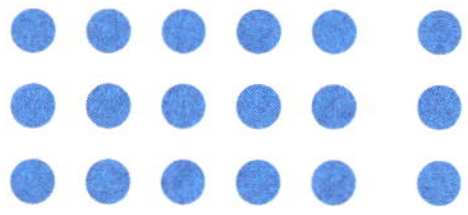

3 · 6 = ____

6 · 3 = ____

18 : 6 = ____

18 : 3 = ____

b)

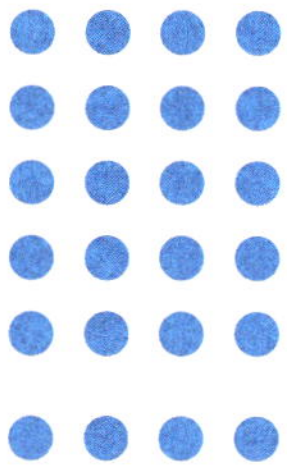

6 · 4 = ____________

____

____

____

(3) Teile auf. Wie viel bleibt übrig?

a) 10 : 3 = ____ R __ b) 11 : 4 = ____ R __ c) 12 : 5 = ____ R __

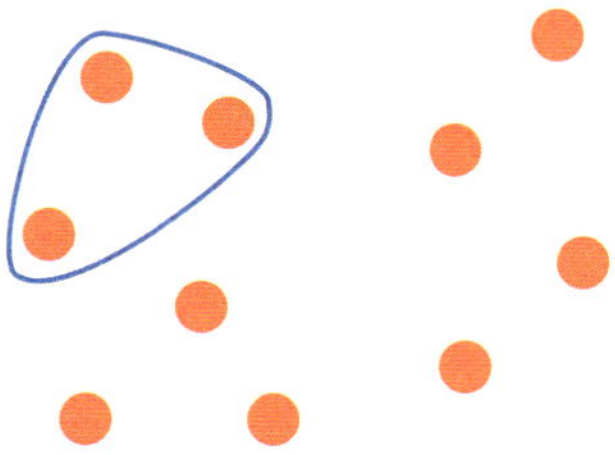

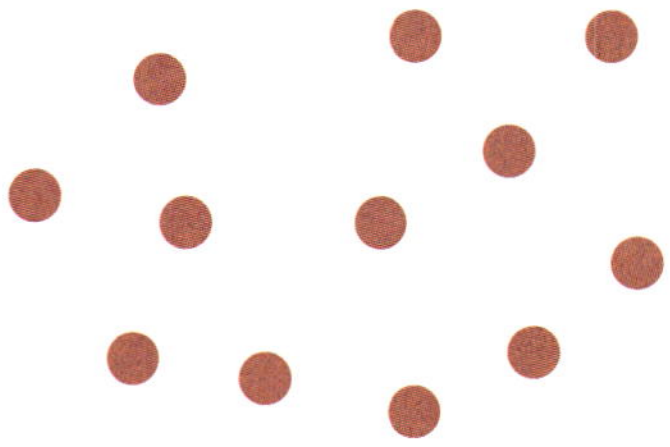

(4) Nina packt immer 3 Äpfel in eine Tüte.

Nina füllt ____ Tüten.

Es bleiben ____ Äpfel übrig.

(5) Schreibe weitere Geteiltaufgaben. Löse sie.

1 Wiederholen der Darstellung von Geteiltaufgaben; bei Bedarf mit Plättchen arbeiten und weitere Alltagsbeispiele für Geteiltaufgaben suchen, dazu sprechen
2 Weitere Aufgabenfamilien bearbeiten **3 und 4** Bei Bedarf mit Material arbeiten

Schätzen, bündeln und zählen

1 Wie viele Bonbons sind jeweils in den Gläsern? Schätze und verbinde.

500 | 750 | 250 | 1000

2 Welche Zahlen sind dargestellt? Verbinde.

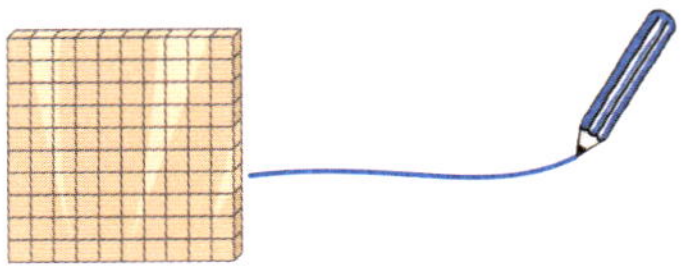

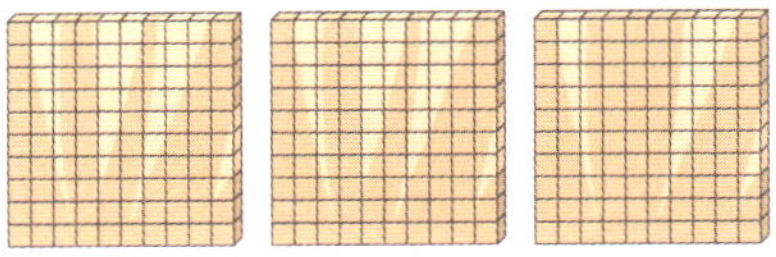

100

200

300

400

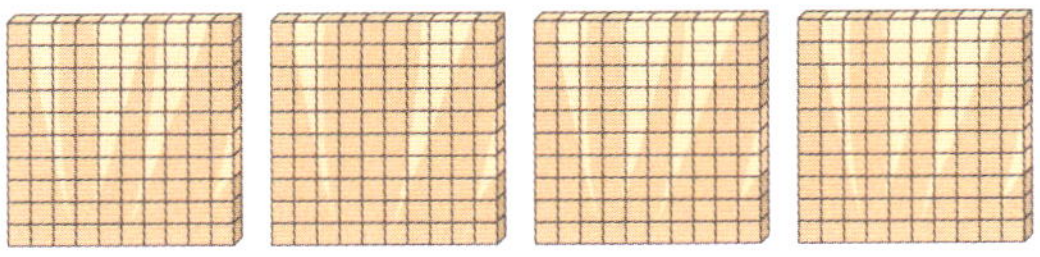

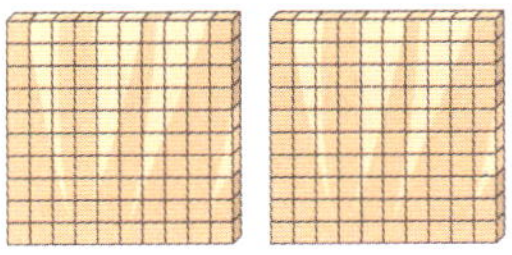

3 Welche Zahlen sind dargestellt? Trage in die Stellentafel ein. Schreibe als Zahl.

a)

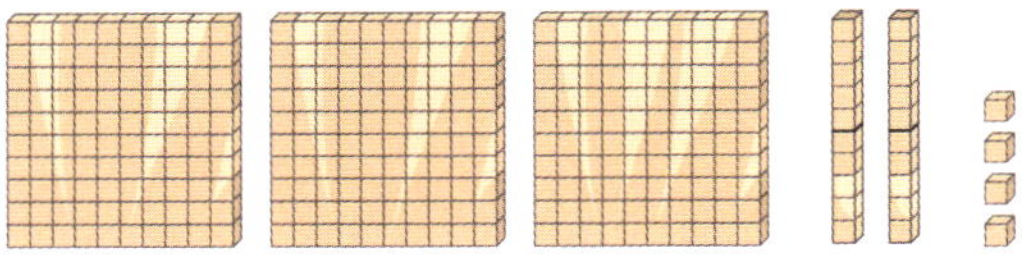

H	Z	E
3	2	4

_____

b)

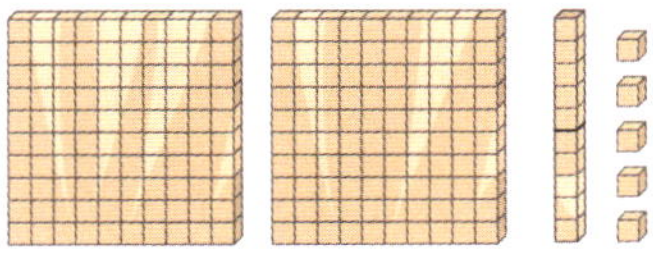

H	Z	E

_____

c)

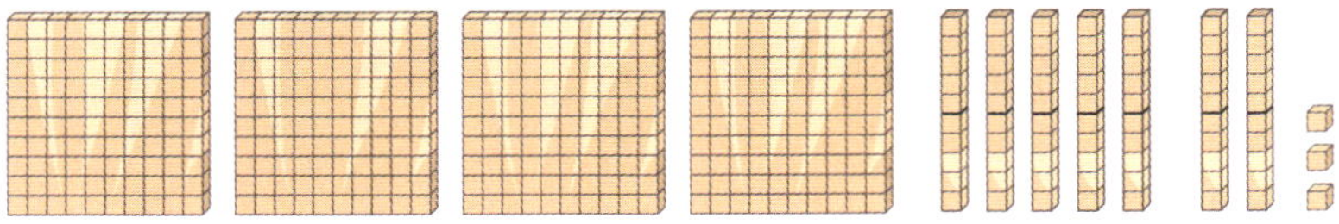

H	Z	E

_____

4 Lege und schreibe weitere Zahlen.

1 Vorgehensweise beim Schätzen thematisieren
2 und 3 Bei Bedarf mit Material arbeiten und Zahlen nachlegen; Thematisieren der Darstellungen mit Material

Hunderter, Zehner, Einer

① Welche Zahlen sind dargestellt? Verbinde.

304

213

270

324

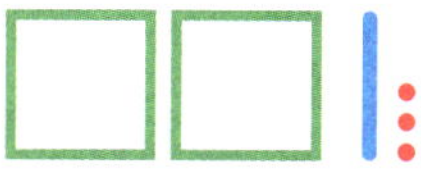

② Zeichne das Zahlbild. Trage in die Stellentafel ein.

a) 134

H	Z	E

b) 260

H	Z	E

c) 326

H	Z	E

③ Vergleiche. Setze <, > oder = ein.

a) 400 ◯ 40
32 ◯ 320

b) 15 ◯ 150
820 ◯ 620

c) 370 ◯ 370
560 ◯ 562

d) 825 ◯ 258
911 ◯ 199

④ Ordne die Zahlen nach der Größe. Beginne mit der kleinsten Zahl.

300 ~~290~~ 603 425 596

290 < ______ < ______ < ______ < ______

1 und 2 Bei Bedarf mit Material arbeiten und Zahlbilder aus dem Material ableiten; weitere dreistellige Zahlen mit Zahlbildern darstellen
3 und 4 Begründen des Vorgehens; bei Bedarf mit Material oder Zahlbildern arbeiten

Der Tausenderstreifen

1 Wie viele Punkte sind es? Verbinde.

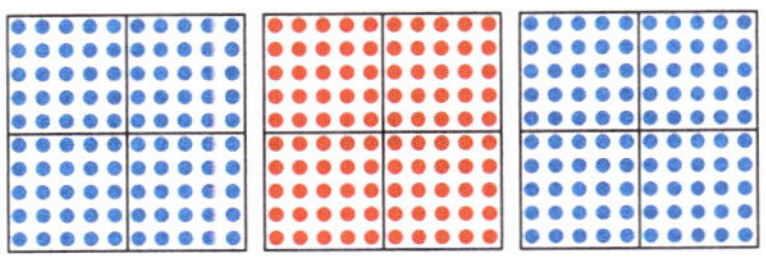

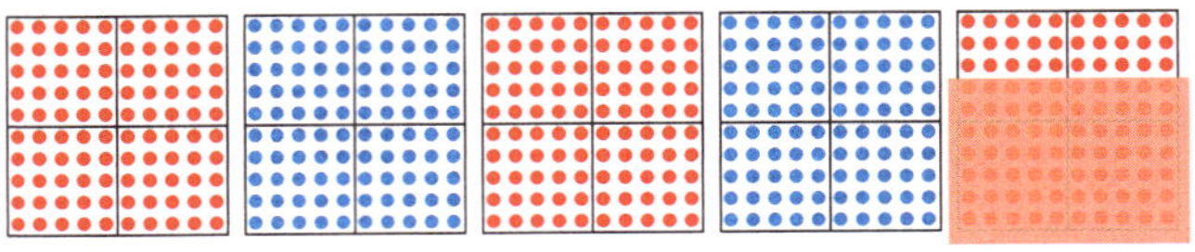

240 | 550 | 300 | 430

2 Setze die Reihen fort.

a) 100, 200, 300, ______, ______

b) 1 000, 900, 800, ______, ______

3 Immer 1 000. Ergänze.

a) 900 + 100 | b) 600 + ______ | c) 300 + ______ | d) 850 + ______

800 + ______ | 500 + ______ | 200 + ______ | 750 + ______

4 Welche Zahlen sind es? Ordne zu. 430 | 225 | 320

dreihundertzwanzig ______

vierhundertdreißig ______

zweihundertfünfundzwanzig ______

5 Welche Zahl ist dargestellt? Schreibe sie auf. Schreibe das Doppelte auf.

a)

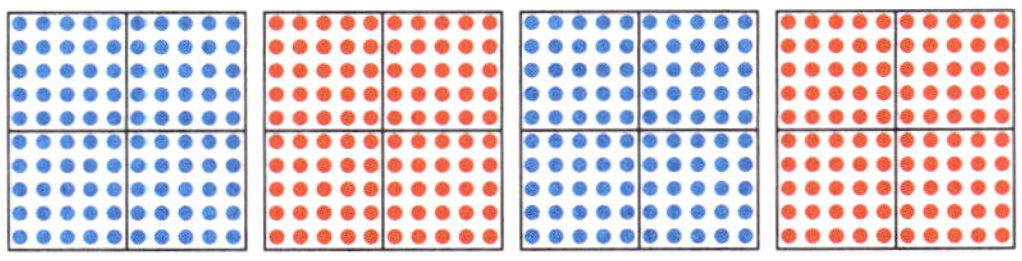

Zahl: ______ Das Doppelte: ______

b)

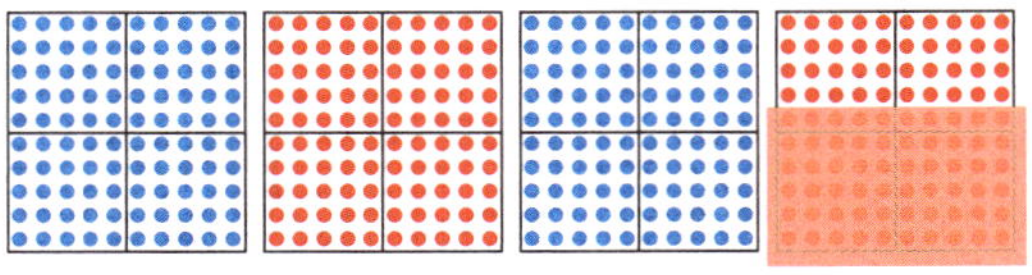

Zahl: ______ Das Doppelte: ______

2 und 3 Bei Bedarf Tausenderstreifen nutzen
4 Zahlwortbildung verstehen: Zahlwörter für dreistellige Zahlen sind aus Zahlwörtern für die Hunderter und zweistellige Zahlen zusammengesetzt

Die Tausendertafel

(1) Trage in die farbigen Felder die passenden Zahlen ein.

501				505					510
591					596				600

(2) Ergänze die fehlenden Zahlen in den Ausschnitten.

a)

201	202	203
211		
221		

b)

	409	410
		420
		430

(3) Ergänze die Tabellen.

a)

Vorgänger	Zahl	Nachfolger
344	345	
	530	

b)

Vorgänger	Zahl	Nachfolger
199	200	
		400

1 Aufbau der Tausendertafel entdecken, Erkenntnisse aus der Hundertertafel nutzen: Wie sind die Zahlen angeordnet? (Ordinalzahlaspekt) **2** Ausschnitte aus der Tausendertafel entdecken und Strukturen zum Eintragen fehlender Zahlen nutzen

Der Zahlenstrahl

① Trage die Zahlen ein.

a)

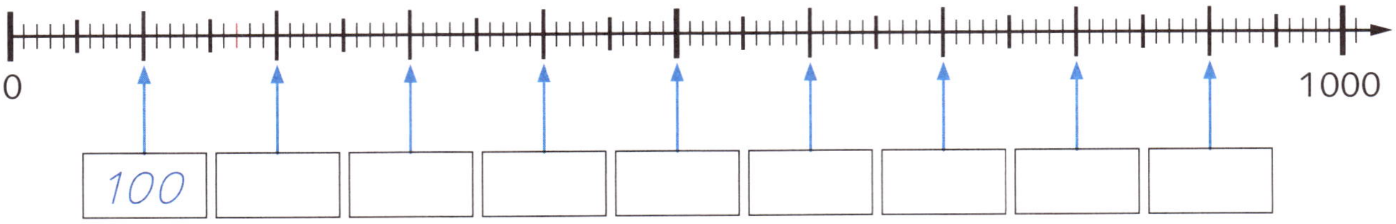

b)

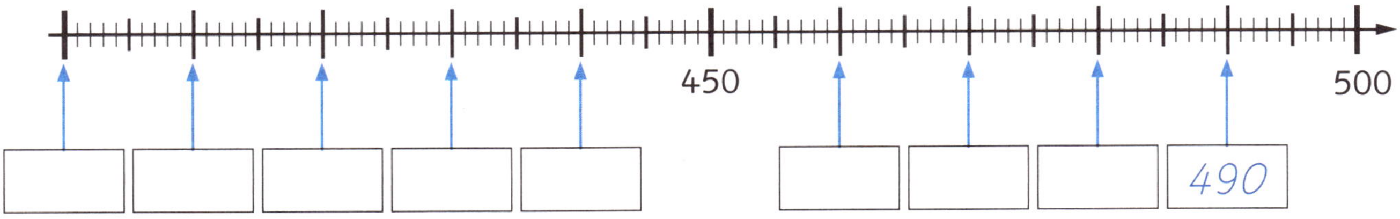

② Zähle in Sprüngen. Ergänze die Zahlen.

a)

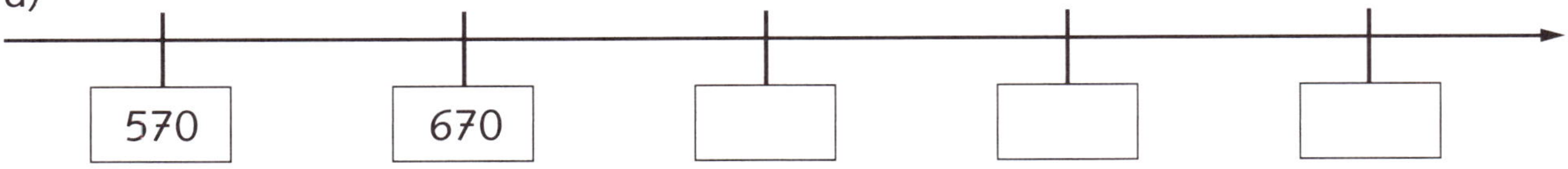

b)

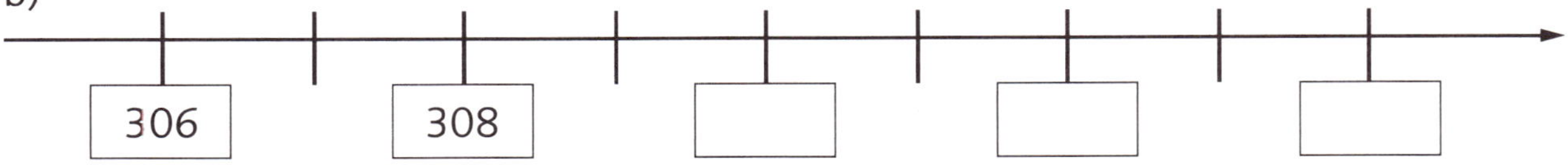

c)

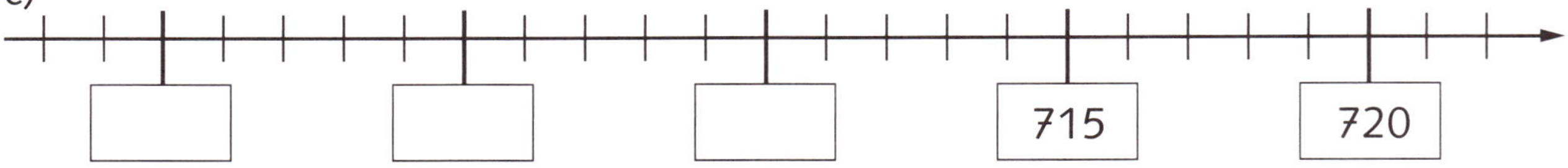

③ Ergänze die Tabellen.

a)

Nachbar-zehner	Zahl	Nachbar-zehner
440	445	450
	713	

b)

Nachbar-hunderter	Zahl	Nachbar-hunderter
400	445	
	713	

1 und 2 Anordnung der Zahlen am Zahlenstrahl entdecken, Beziehungen herstellen (Abstände zwischen den vorgegebenen Zahlen beachten) (Maßzahlaspekt)
3 Bei Bedarf mit einem oberen Zahlenstrahl lösen oder selbst einen Zahlenstrahl herstellen

Euro und Cent

1 Wie viele Euro sind es?

a)

_____ €

b)

_____ €

2 Wie viele Cent sind es?

a)

_____ ct

b)

_____ ct

3 Ergänze den fehlenden Geldschein.

a)

200 € | 10 €

100 € | 100 €

[ ]

420 €

b)

200 € | 200 €

100 € | 100 € | 10 €

[ ]

660 €

4 Welche Scheine können es sein? Lege und trage ein.

450 €

[ ] [ ] [ ] [ ]

450 €

1 und 2 Beträge mit Rechengeld legen
3 und 4 Möglichkeiten mit Rechengeld probieren; weitere Übungen: Einkaufen spielen, passend mit Rechengeld bezahlen oder einfache Rückbeträge thematisieren

Sachrechnen: Daten entnehmen und darstellen

(1) Lies den Text und vervollständige das Diagramm.

Schutz der Seeadler
Der Seeadler ist der größte Greifvogel in Deutschland. Er war fast ausgestorben. Durch Projekte konnte der Lebensraum verbessert werden. Die Zahl der brütenden Paare ist wieder gestiegen.

Brutpaare in Deutschland

Jahr	Anzahl
1990	150
1995	250
2005	500
2020	800

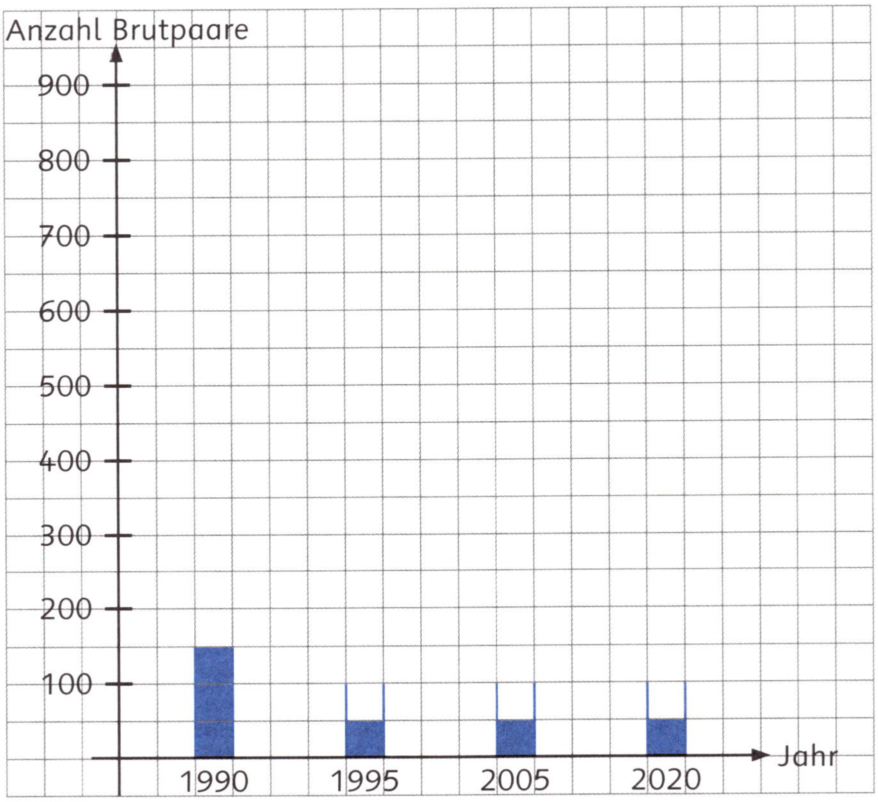

(2) Was passt zusammen? Überprüfe mithilfe des Diagramms und verbinde.

Zwischen 1990 und 1995	ist die Anzahl um 300 Paare gestiegen.
Zwischen 1995 und 2005	ist die Anzahl um 100 Paare gestiegen.
Zwischen 2005 und 2020	hat sich die Anzahl der Paare verdoppelt.

Begriff „Diagramm" thematisieren und Zusammenhang zwischen Tabelle und Diagramm herstellen; über den Inhalt der Seite reflektieren

Wiederholung

1 Welche Zahlen sind dargestellt? Trage in die Stellentafel ein. Schreibe als Zahl.

a) 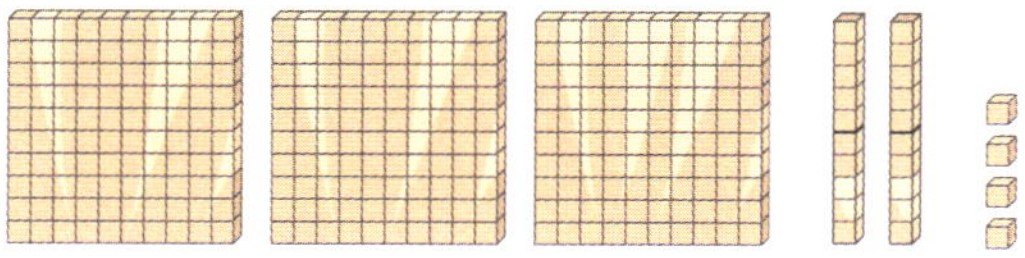

H	Z	E
3	2	4

____

b) 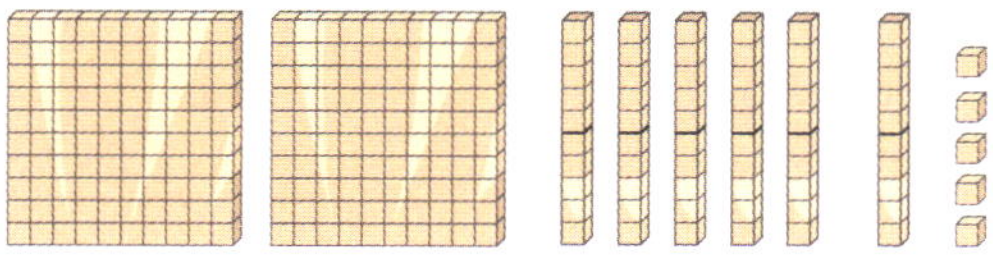

H	Z	E

____

2 Zeichne das Zahlbild. Trage in die Stellentafel ein.

a) 243

H	Z	E

b) 416

H	Z	E

3 Ergänze die fehlenden Zahlen in den Ausschnitten.

a)

401	402	403
411		
		423

b)

		510
518	519	
528		

4 Trage die Zahlen ein.

5 Welche Scheine können es sein?
Trage ein.

300 €

300 €

Diese Seite als Diagnoseinstrument einsetzen und selbstständig bearbeiten lassen, danach Lösungen erklären lassen.

Geometrische Körper und ihre Eigenschaften

(1) Welcher Körper ist es? Ordne zu.

Würfel | Quader | Kegel | Zylinder | Pyramide | Kugel

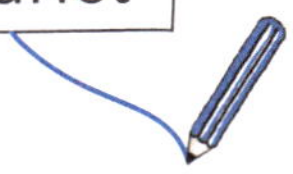

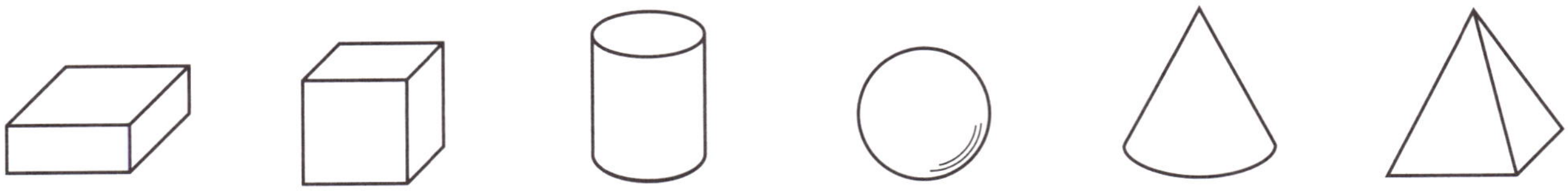

(2) Immer ein Gegenstand passt nicht in die Reihe. Kreise ihn ein.

a)

b)

(3) Welcher Körper ist es? Kreuze an.

a) Der Körper hat 8 Ecken.

◯ Quader

◯ Zylinder

b) Vier Flächen des Körpers sind Dreiecke.

◯ Kegel

◯ Pyramide

c) Der Körper hat keine Ecken und Kanten.

◯ Kugel

◯ Würfel

(4) Suche Gegenstände zu den Körperformen.

1 bis 3 Körpermodelle aus Knete oder Kantenmodelle mit Streichhölzern herstellen
4 Körperformen in der Umwelt identifizieren

Ansichten von Körpern

1 Betrachte das Bauwerk.
Welche Ansichten gehören zu dem Bauwerk? Verbinde.

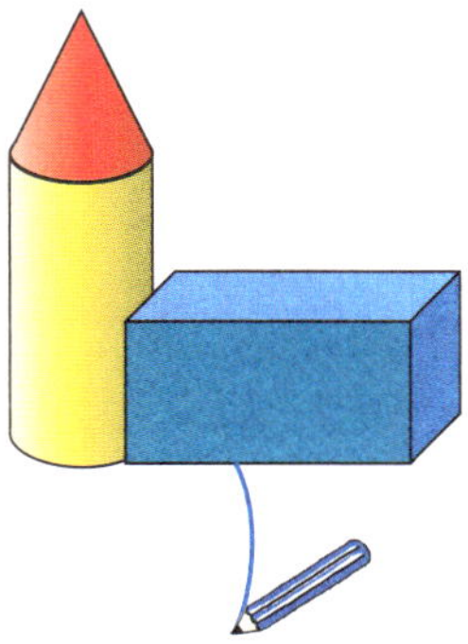

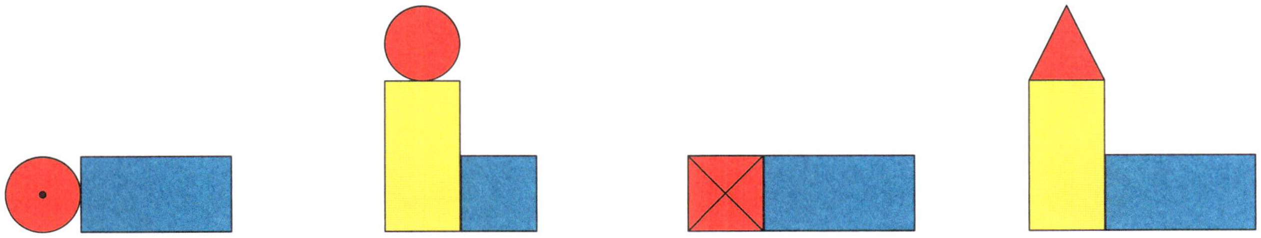

2 Das Bauwerk wurde von verschiedenen Seiten betrachtet. Male an.

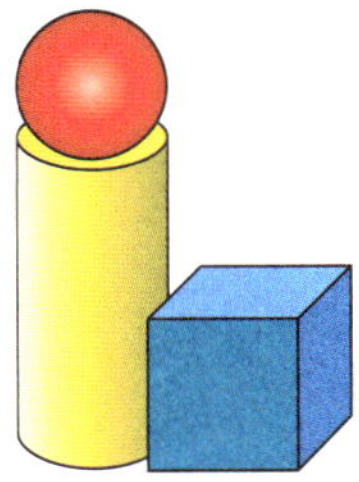

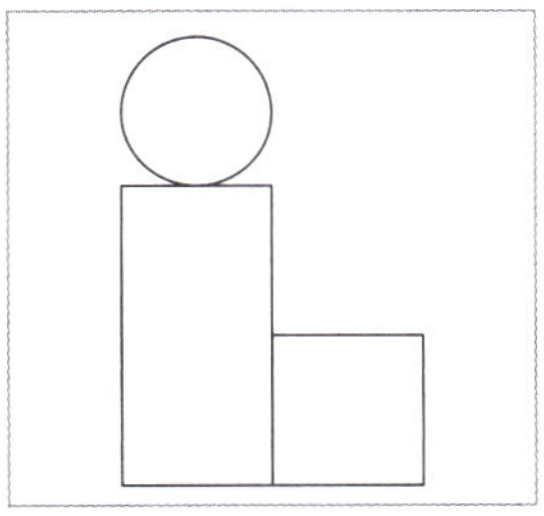

von vorn

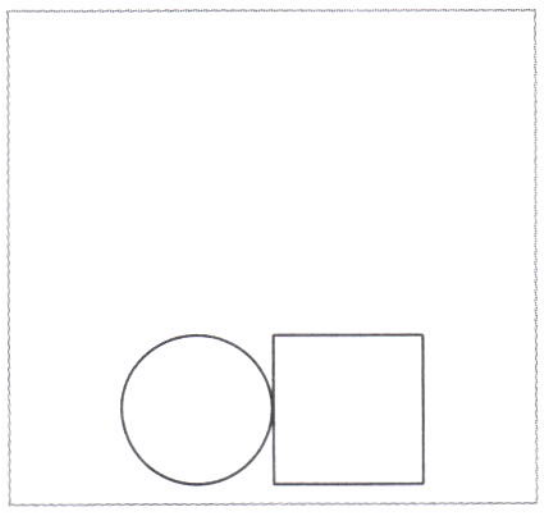

von oben

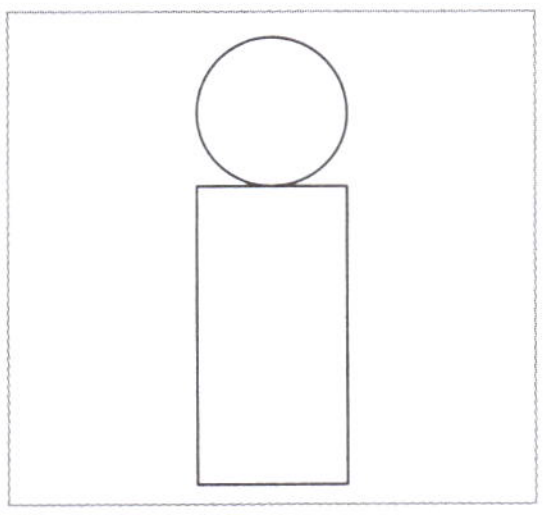

von links

3 Betrachte das Bauwerk. Zeichne die Ansichten.

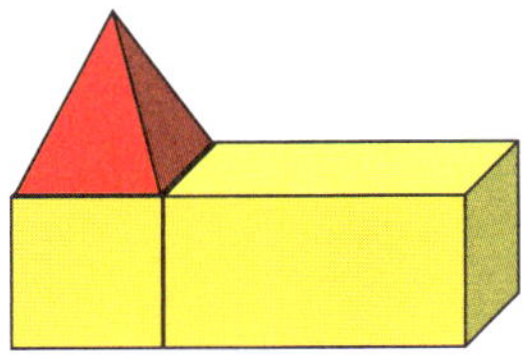

a) von vorn

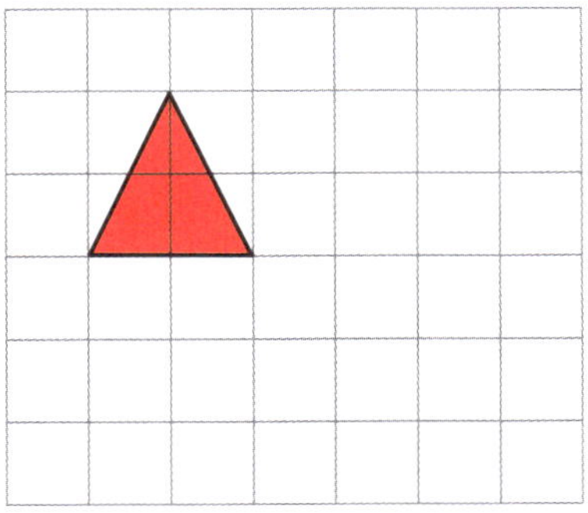

b) von oben

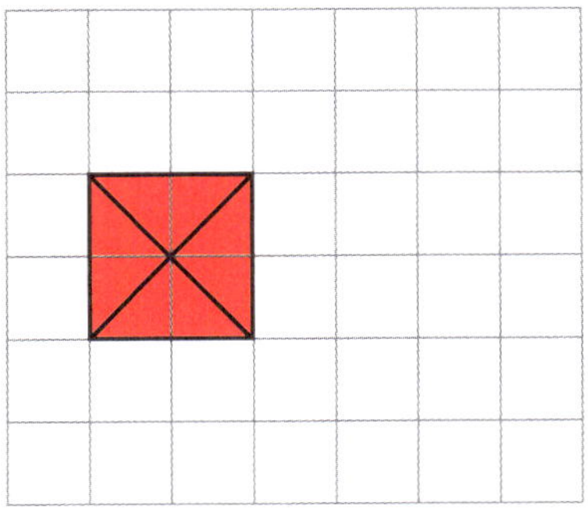

Bauwerke nachbauen und betrachten; Draufsicht: Bauwerk auf Boden platzieren, Kind betrachtet von oben; Ansicht von vorn: Bauwerk auf dem Tisch platzieren, Kind betrachtet aus der Hocke, sodass die Blickachse auf Höhe der Tischkante ist

Würfelgebäude

(1) Betrachte das Würfelgebäude.
Welcher Bauplan gehört zu dem Würfelgebäude? Kreuze an.

2	2	
3	3	3

○

3	3	1
1	1	

○

2	2	
1	1	1

○

(2) Ergänze die Baupläne.

a)

3		
	2	

b)

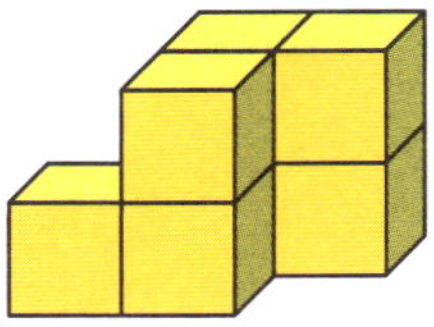

	2	
1		

c)

2	2	
2		

(3) Zeichne zu jedem Würfelgebäude einen Bauplan.

a)

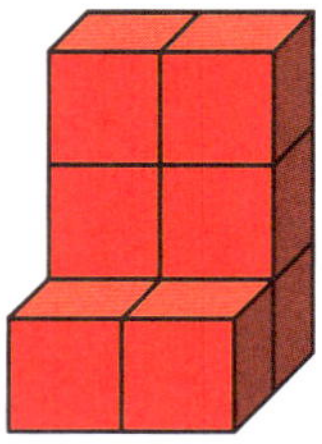

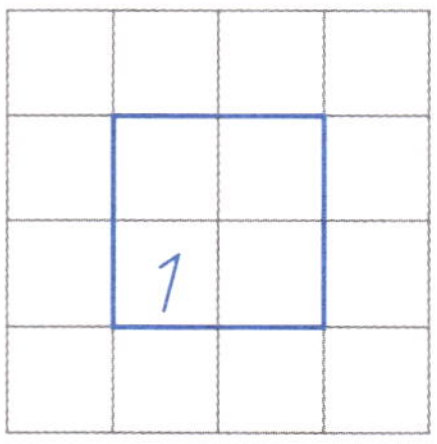

b)

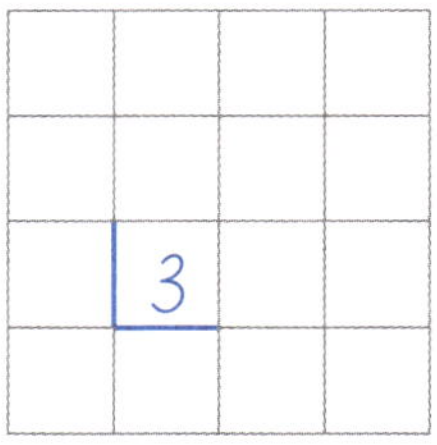

Würfelnetze und Quadernetze

1 Zwei Figuren sind Würfelnetze. Kreuze an.

a)

b)

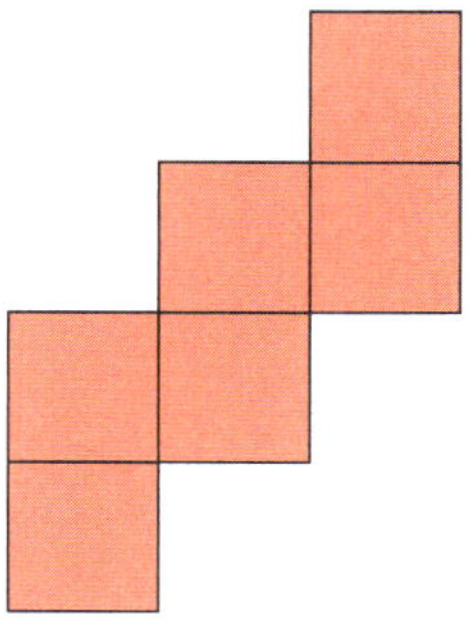

c)

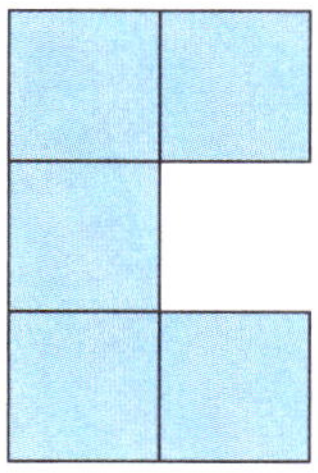

2 Ergänze zu Würfelnetzen.

a)

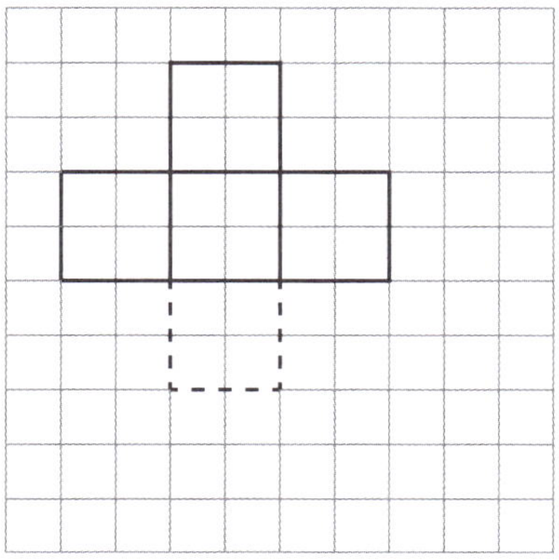

b)

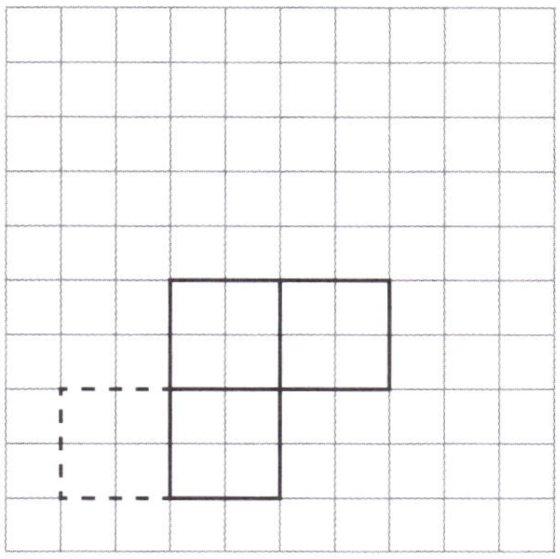

3 Zwei Figuren sind Quadernetze. Kreuze an.

a)

b)

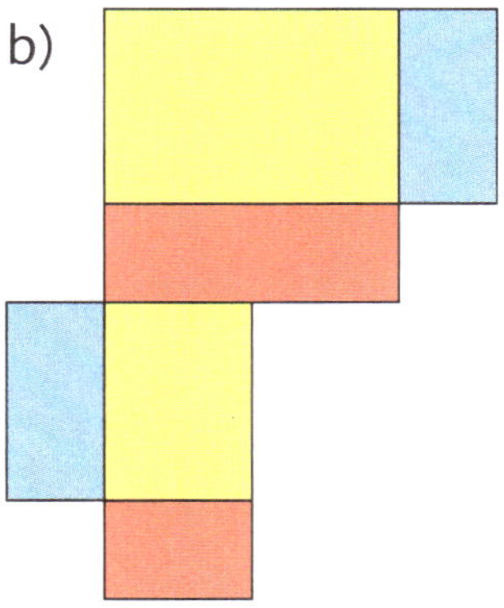

c)

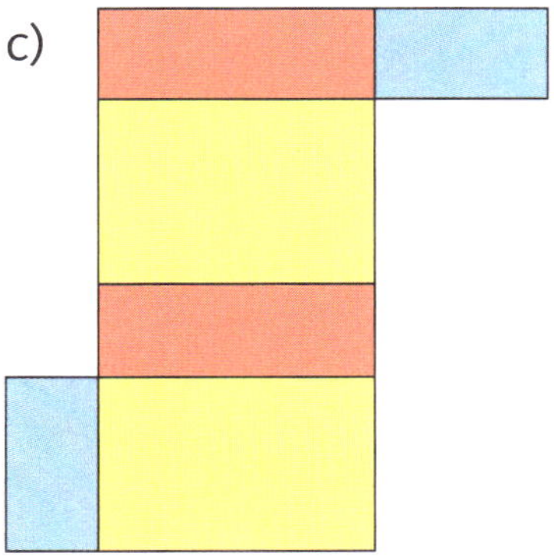

4 Lege verschiedene Würfelnetze aus quadratischen Zetteln.

Bei Bedarf Würfelnetze herstellen und Würfel falten
4 Quadratische Blätter von Notizblöcken verwenden

Wiederholung

① Immer ein Gegenstand passt nicht in die Reihe. Kreise ihn ein.

a)

b)

② Betrachte das Bauwerk. Zeichne die Ansichten.

a) von vorn

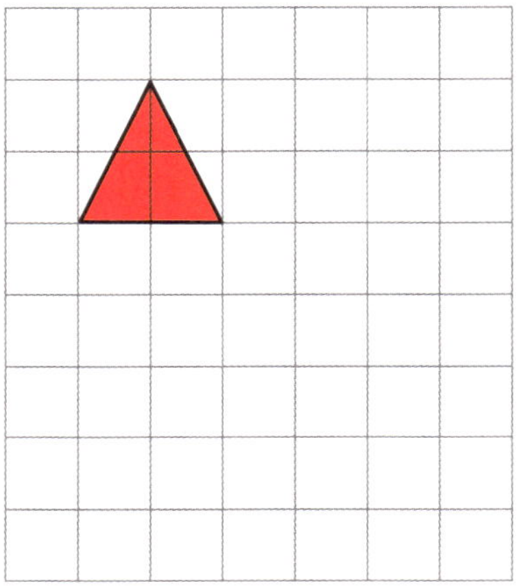

b) von oben

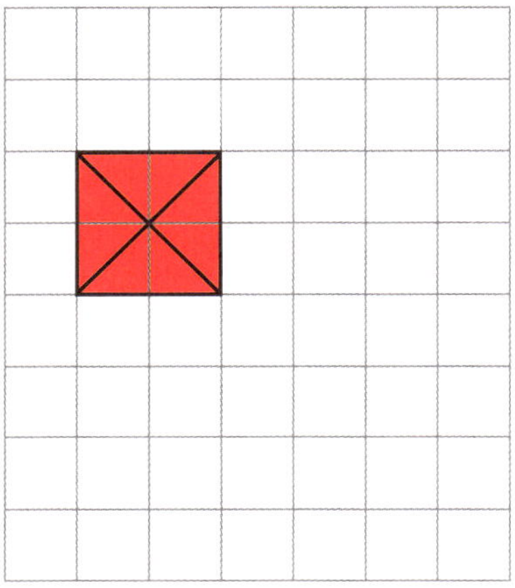

③ Zwei Figuren sind Würfelnetze. Kreuze an.

a)

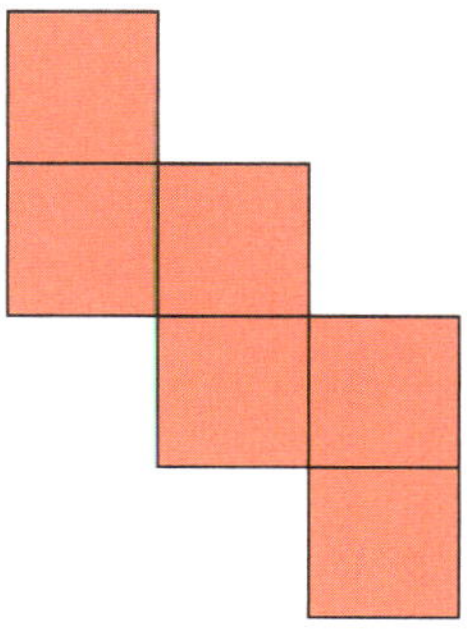

○

b)

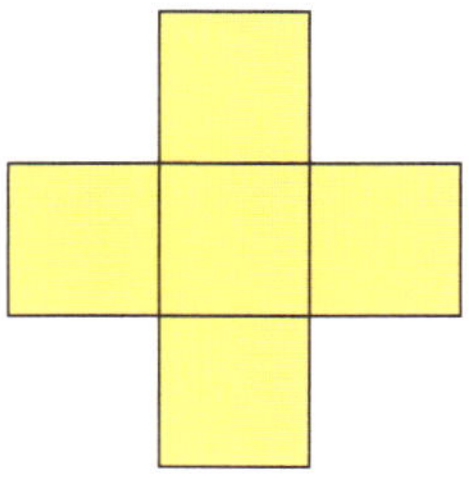

○

c)

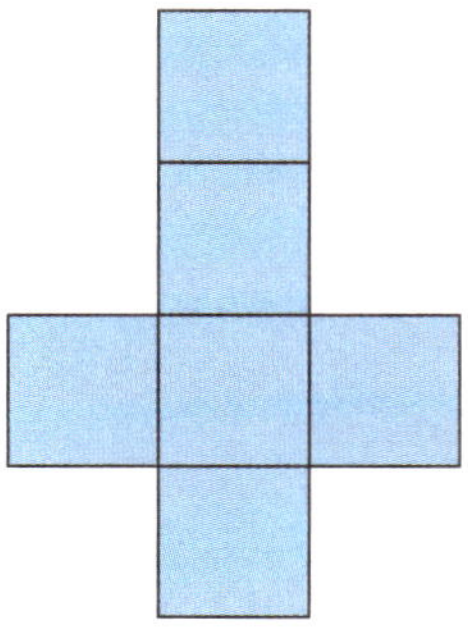

○

Diese Seite als Diagnoseinstrument einsetzen und selbstständig bearbeiten lassen, danach Lösungen erklären lassen.

Addieren ohne Hunderterübergang

(1) Welche Aufgabe gehört zu welchem Bild? Verbinde und rechne.

124 + 12 = ____

135 + 23 = ____

213 + 41 = ____

221 + 32 = ____

(2) Kleine Aufgaben – große Aufgaben. Male und rechne.

34 + 3 = ____	42 + 10 = ____	234 + 3 = ____
242 + 10 = ____	134 + 3 = ____	142 + 10 = ____
345 + 4 = ____	45 + 4 = ____	145 + 4 = ____

(3) a) 145 + 11 = ____
145 + 12 = ____
145 + 13 = ____
145 + 14 = ____

b) 133 + 12 = ____
133 + 22 = ____
133 + 32 = ____
133 + 42 = ____

c) 152 + 15 = ____
252 + 14 = ____
452 + 13 = ____
752 + 12 = ____

145, 155, 156, 157, 158, 159, 165, 167, 175, 266, 465, 764

(4) Kleine Aufgaben – große Aufgaben. Male und rechne.

4 + 3 = ___	30 + 20 = ____	3 + 2 = ___
3 + 5 = ___	40 + 30 = ____	300 + 200 = ____
300 + 500 = ____	30 + 50 = ____	400 + 300 = ____

1 Zahlbilder verwenden, Lösungswege erklären
2 und 4 Strategie „Kleine Aufgabe – große Aufgabe" thematisieren und Kenntnisse aus dem Hunderterraum bewusst in den Tausenderraum übertragen

Subtrahieren ohne Hunderterübergang

(1) Welche Aufgabe gehört zu welchem Bild? Verbinde und rechne.

133 – 21 = ____

145 – 33 = ____

224 – 12 = ____

253 – 21 = ____

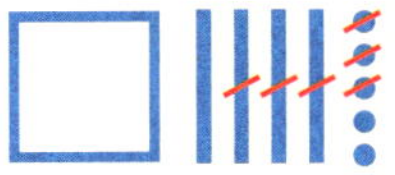

(2) Kleine Aufgaben – große Aufgaben. Male und rechne.

23 – 2 = ____	44 – 3 = ____	123 – 2 = ____
253 – 20 = ____	223 – 2 = ____	153 – 20 = ____
344 – 3 = ____	53 – 20 = ____	144 – 3 = ____

(3)

a)	b)	c)
125 – 11 = ____	157 – 12 = ____	146 – 15 = ____
125 – 12 = ____	157 – 22 = ____	246 – 14 = ____
125 – 13 = ____	157 – 32 = ____	546 – 13 = ____
125 – 14 = ____	157 – 42 = ____	746 – 12 = ____

111, 112, 113, 114, 115, 125, 131, 135, 145, 232, 533, 734

(4) Kleine Aufgaben – große Aufgaben. Male und rechne.

4 – 2 = ____	400 – 300 = ____	500 – 200 = ____
40 – 20 = ____	4 – 3 = ____	50 – 20 = ____
5 – 2 = ____	40 – 30 = ____	400 – 200 = ____

1 Zahlbilder verwenden, Lösungswege erklären
2 und 4 Strategie „Kleine Aufgabe – große Aufgabe" thematisieren und Kenntnisse aus dem Hunderterraum bewusst in den Tausenderraum übertragen

Addieren mit Hunderterübergang

(1) Lege und sprich wie die Kinder. Rechne.

190 + 120 = ____

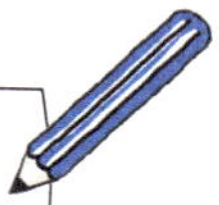

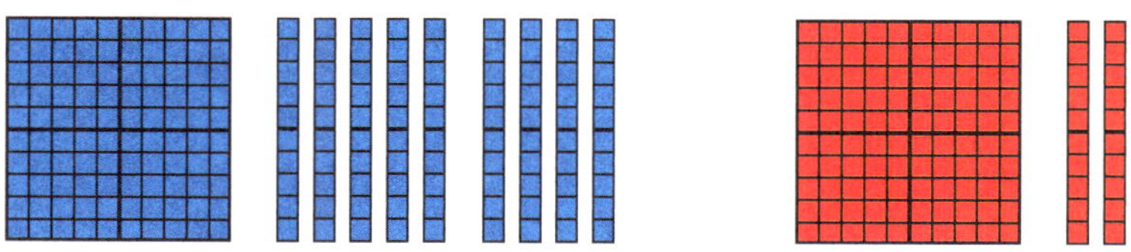

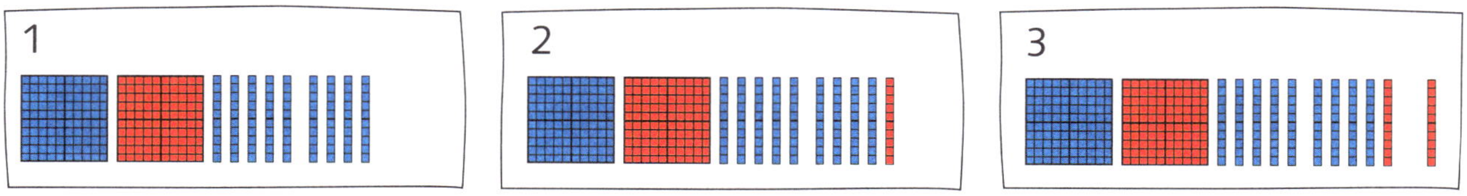

(2) Lege und rechne.

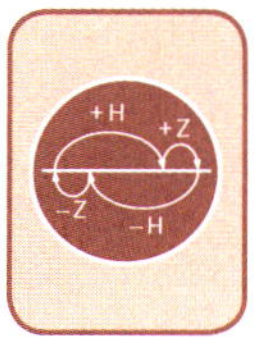

a) 290 + 120 = ____ b) 280 + 230 = ____ c) 370 + 140 = ____

290 + 130 = ____ 280 + 240 = ____ 370 + 150 = ____

290 + 140 = ____ 280 + 250 = ____ 370 + 160 = ____

(3) Ordne zu und rechne. Ergänze je eine passende Additionsaufgabe.

180 + 30

~~130 + 30~~

240 + 130

360 + 50

Ohne Hunderterübergang	**Mit** Hunderterübergang
130 + 130 =	

(4) a)

b)

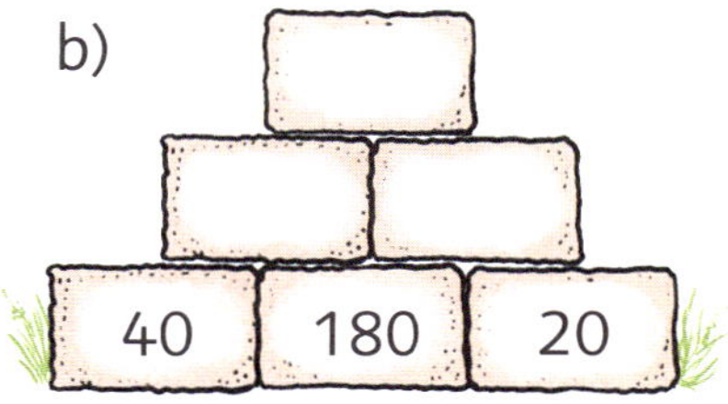

2 Alle Aufgaben, wie in 1 gezeigt, legen und dazu sprechen
3 und 4 Bei Schwierigkeiten jeweils mit Material legen und dazu sprechen

Subtrahieren mit Hunderterübergang

(1) Lege und sprich wie die Kinder. Rechne.

320 − 140 = ______

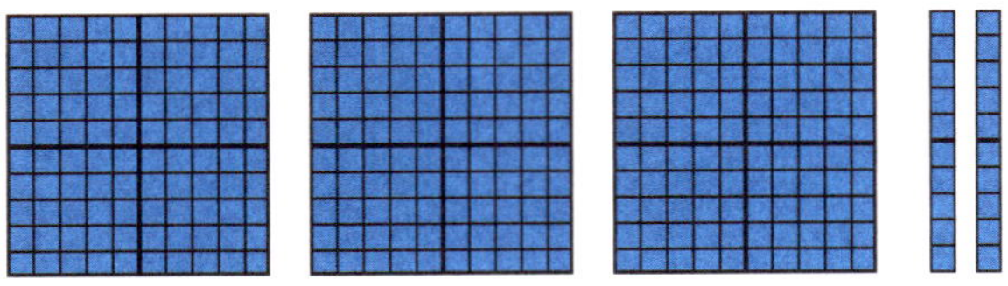

(2) Lege und rechne.

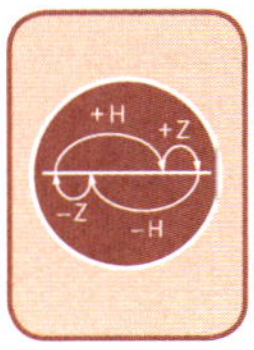

a) 220 − 130 = ______
220 − 140 = ______
220 − 150 = ______

b) 430 − 140 = ______
430 − 150 = ______
430 − 160 = ______

c) 510 − 220 = ______
510 − 230 = ______
510 − 240 = ______

(3) Ordne zu und rechne. Ergänze je eine passende Subtraktionsaufgabe.

420 − 130

~~450 − 30~~

240 − 120

210 − 30

Ohne Hunderterübergang	**Mit** Hunderterübergang
450 − 30 = ______	______
______	______
______	______

(4) Rechne und male.

420 − 230	520 − 340	230 − 60	230 − 50	510 − 320
410 − 240	410 − 230	240 − 50	300 − 120	320 − 150

2 Alle Aufgaben, wie in 1 gezeigt, legen und dazu sprechen
3 und 4 Bei Schwierigkeiten jeweils mit Material legen und dazu sprechen

Überschlagsrechnung

Fahrrad
299 €

Fußball
19 €

Turnschuhe
59 €

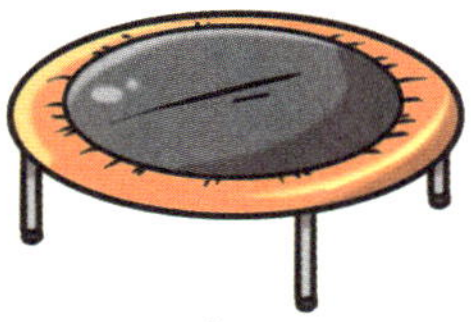

Trampolin
99 €

1 Welcher Überschlag passt am besten? Male an. Rechne.

Ü

a) Preis für Fahrrad und Fußball

200 € + 20 € = ______ €

300 € + 20 € = ______ €

300 € + 0 € = ______ €

b) Preis für Fußball und Turnschuhe

20 € + 60 € = ______ €

20 € + 100 € = ______ €

0 € + 60 € = ______ €

2 Überschlage.

a) Preis für Trampolin und Fußball

Ü: ________________________

b) Preis für Trampolin und Turnschuhe

Ü: ________________________

3 Überschlage und male an.

Ü: 300 | Ü: 400 | Ü: 200

400 – 99	84 + 96	289 – 99	297 + 87
199 + 78	289 + 95	408 – 112	304 + 85

Strategie „Überschlag“ thematisieren:
Man verändert die Zahlen so, dass man leicht im Kopf rechnen kann

Rechnen mit Geld: Kommaschreibweise

(1) Vergleiche die drei Schreibweisen. Erkläre.

(2) Ergänze die fehlenden Schreibweisen.

in Euro und Cent	___ € ___ ct	2 € 25 ct	___ € ___ ct
in Cent	305 ct	___ ct	115 ct
in Euro	3,05 €	___ , ___ €	___ , ___ €

(3) Immer 2 Karten gehören zusammen. Male an.

2 € 50 ct | 405 ct | 0,75 € | 2,50 €

315 ct | 75 ct | 4 € 5 ct | 3 € 15 ct

(4) Lege weitere Geldbeträge.
Schreibe in verschiedenen Schreibweisen.

Gleichungen und Ungleichungen

① Setze passende Zahlen ein.

a)

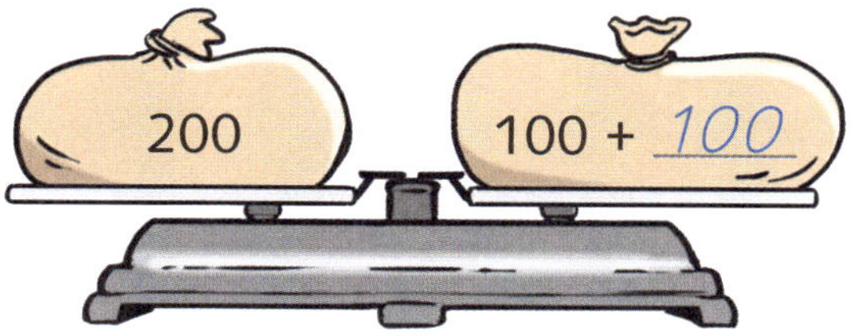

b)

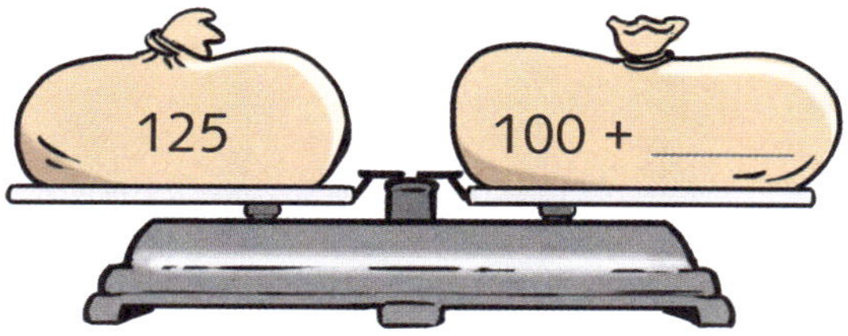

c)

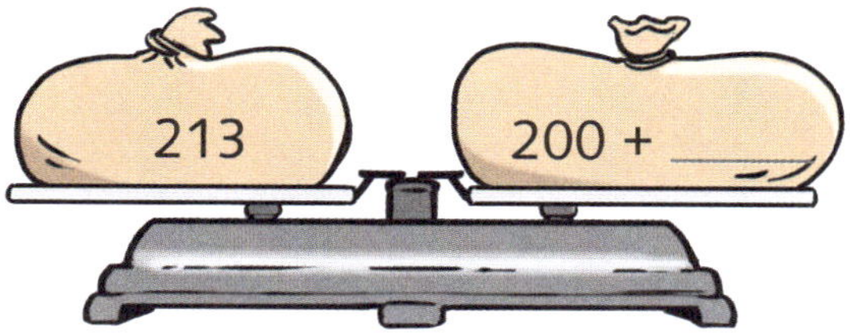

d)

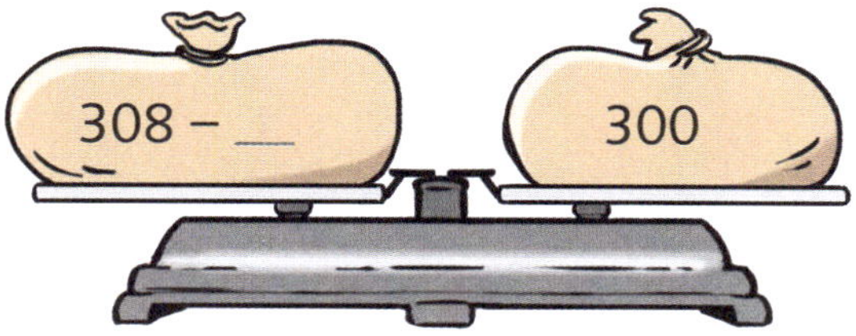

e)

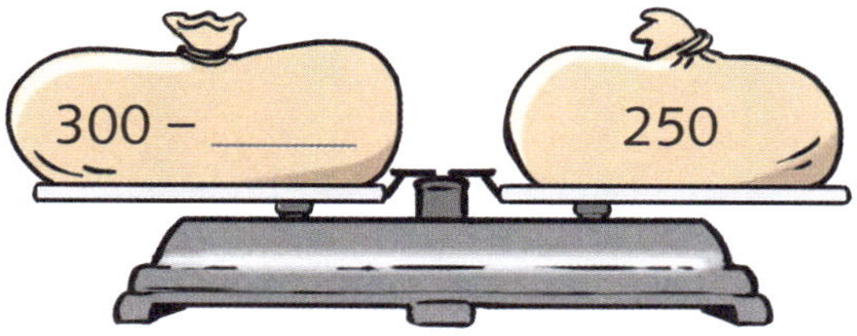

② Vergleiche. Setze <, > oder = ein.

a) 110 + 11 ◯ 121
110 + 4 ◯ 120 + 14
130 + 10 ◯ 110 + 20

b) 140 – 10 ◯ 10 + 110
125 + 30 ◯ 30 + 125
150 – 10 ◯ 20 + 110

c) 130 – 10 ◯ 120 + 40
100 + 30 ◯ 130
120 + 20 ◯ 110 + 20

③ Bei einigen Aufgaben musstest du nicht rechnen.
Wähle eine aus und begründe.

Aufgabe: ____________________

Begründung: Ich muss nicht rechnen, weil ____________________

____

____

1 Vorwissen zur Waage aktivieren;
Aufgaben bei Bedarf durch Einsetzen von Zahlenkarten lösen

Wiederholung

① Ordne zu und rechne.

270 + 240	480 + 40	~~330 + 40~~	196 + 3	350 + 120	298 + 4
320 – 140	503 – 2	560 – 20	403 – 6	360 – 230	420 – 50

Ohne Hunderterübergang	**Mit** Hunderterübergang
330 + 40 =	

② Überschlage und male an.

Ü: 400 | Ü: 300 | Ü: 200

407 – 112	379 – 185	184 + 119
199 + 204	95 + 106	616 – 221

③ Ergänze die fehlenden Schreibweisen.

in Euro und Cent	2 € 20 ct	3 € 10 ct	1 € 5 ct	____ € ____ ct
in Cent	220 ct	310 ct	____ ct	515 ct
in Euro	2,20 €	____ €	1,05 €	5,15 €

④ Vergleiche. Setze <, > oder = ein.

a) 180 + 30 ◯ 200
160 + 140 ◯ 300
170 + 220 ◯ 400

b) 230 – 30 ◯ 200
450 – 140 ◯ 300
640 – 230 ◯ 400

Diese Seite als Diagnoseinstrument einsetzen und selbstständig bearbeiten lassen, danach Lösungen erklären lassen.

Meter, Dezimeter, Zentimeter und Millimeter

(1) Setze die Größen passend in den Text ein.

dm | cm | km | mm | m

Janick ist 9 Jahre alt und 137 _______ groß.
Sein Weg zur Schule ist 1 _______ lang.
Manchmal fährt ihn seine Mutter mit dem Auto zur Schule. Das Auto ist 4 _______ lang.

(2) Was passt zusammen? Miss nach und verbinde.

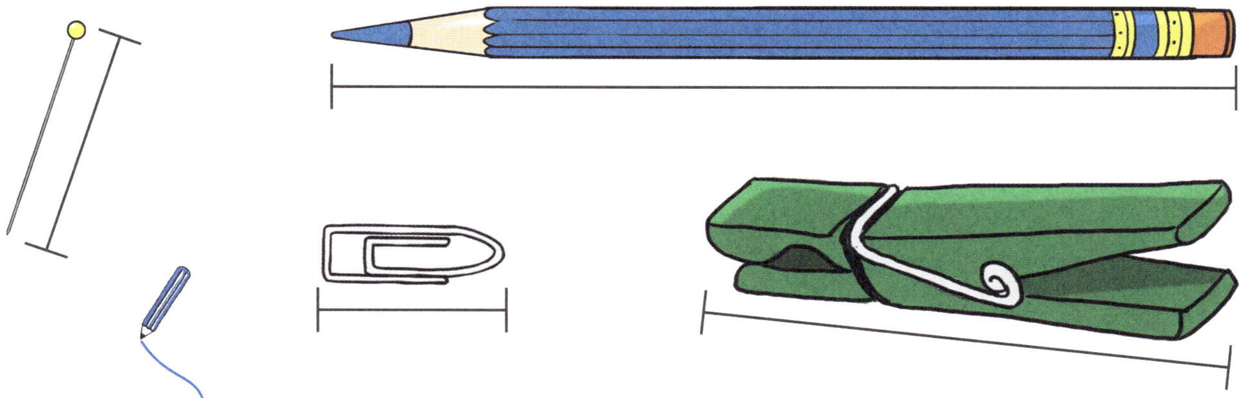

3 cm | 2,5 cm | 7 cm | 12 cm

(3) Miss die Länge der Strecken in Millimeter.

A ———— B

C ———— D

E ———— F

$\overline{AB}$ = _______

$\overline{CD}$ = _______

$\overline{EF}$ = _______

(4) Zeichne die Strecken mit dem Lineal.

a) $\overline{GH}$ = 6 cm

G

b) $\overline{IK}$ = 54 mm

I

1 Größenvorstellungen zu Längen thematisieren, um richtige Einheit einzusetzen
2 bis 4 Anlegen eines Lineals, genaues Ablesen und Zeichnen von Strecken wiederholen; weitere analoge Übungen durchführen

Kommaschreibweise bei Längen

(1) Immer 3 Karten gehören zusammen.
Male gleiche Längen mit der gleichen Farbe an.

5 m 25 cm	418 cm	5,25 m	3,47 m	347 cm
4 m 18 cm	3 m 47 cm	5 25 cm	4,18 m	

(2) Schreibe mit Komma.

a)

m und cm	m
5 m 45 cm	5,45 m
8 m 25 cm	
4 m 62 cm	

b)

m und cm	m
3 m 17 cm	
6 m 80 cm	
9 m 30 cm	

(3) Ordne die Ergebnisse des Standweitsprungs.
Beginne mit dem besten Ergebnis.

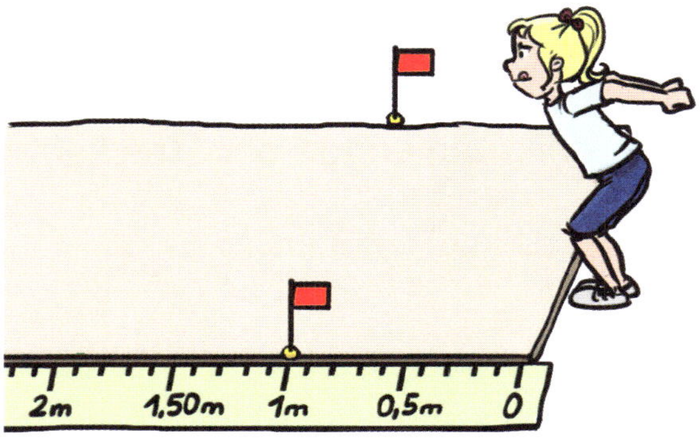

1 m 35 cm	105 cm	1,20 m	1,90 m

_______ > _______ > _______ > _______

(4) Ergänze zu 1 Meter.

a) 50 cm + _______

80 cm + _______

b) 75 cm + _______

92 cm + _______

1 bis 3 Unterschiedliche Schreibweisen von Längen thematisieren
4 Bei Bedarf mit einem Bandmaß arbeiten

Kilometer und Meter

(1) Familie Hinze geht wandern. Sie wollen ungefähr 10 km unterwegs sein.
Wähle eine Strecke aus und markiere sie.
Notiere ihre Länge.

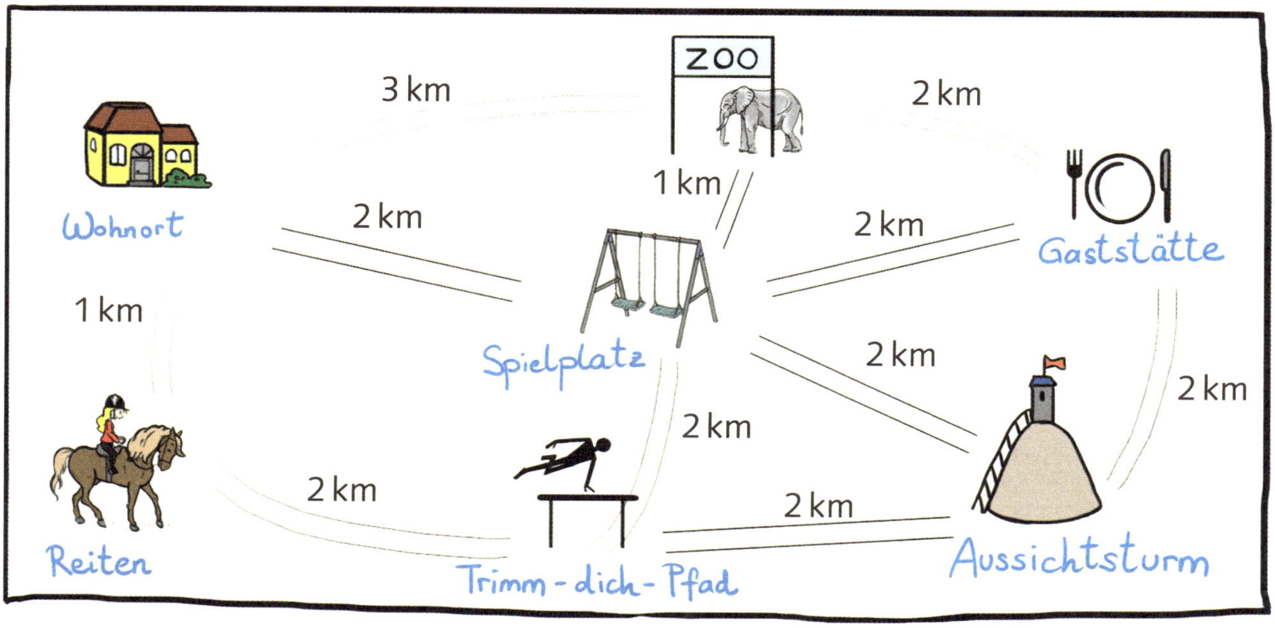

Länge der Wege: ______________________________

____

Gesamtkilometer: __________

(2) Ordne. Beginne mit der kürzesten Länge.

1 000 m	500 m	2 km	995 m

_______ < _______ < _______ < _______

(3) Ergänze zu 1 Kilometer.

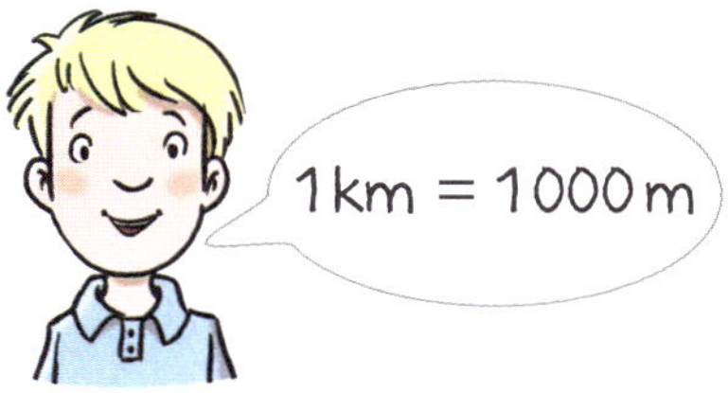

a) 500 m + __________ b) 950 m + __________

700 m + __________ d) 850 m + __________

Achsensymmetrie

1 Färbe die Figuren symmetrisch. Nutze einen Spiegel.

a)

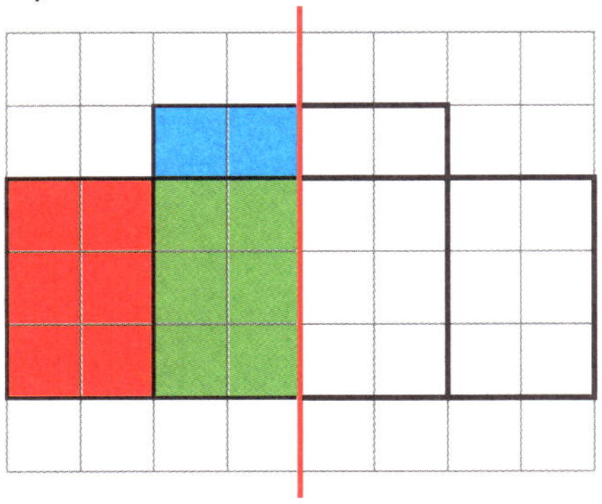

b)

c)

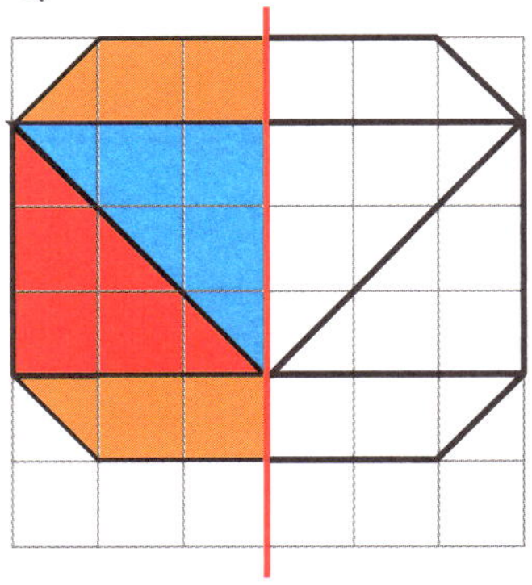

2 Welche rote Linie ist eine Symmetrieachse? Kreuze an.

a)

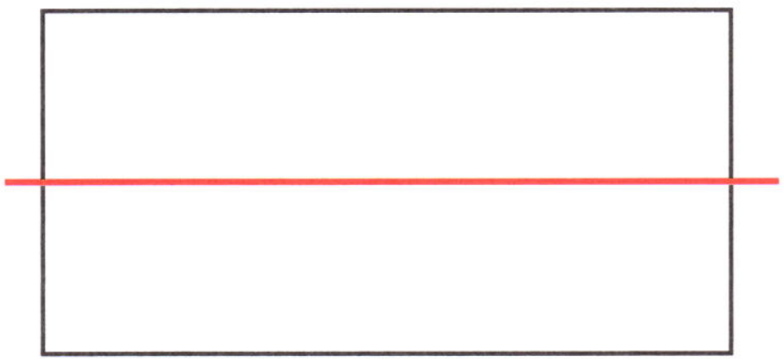

○

b)

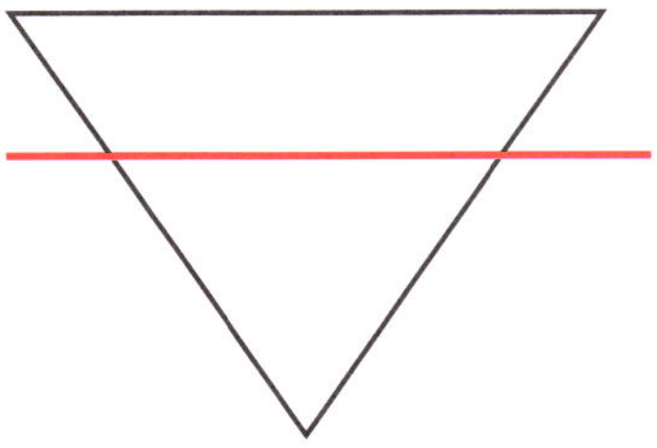

○

c)

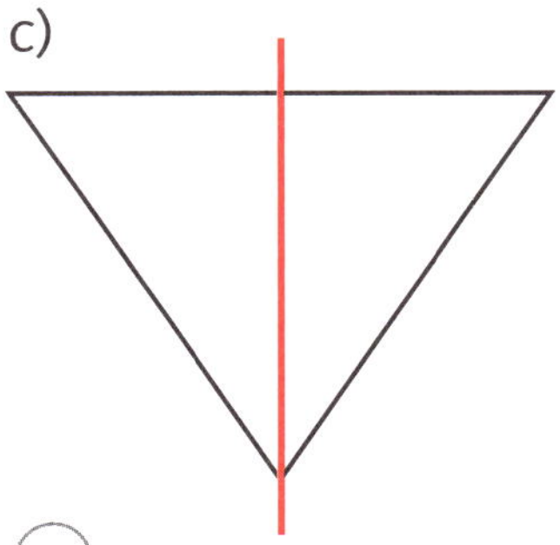

○

3 Ergänze zu symmetrischen Figuren. Nutze einen Spiegel.

a)

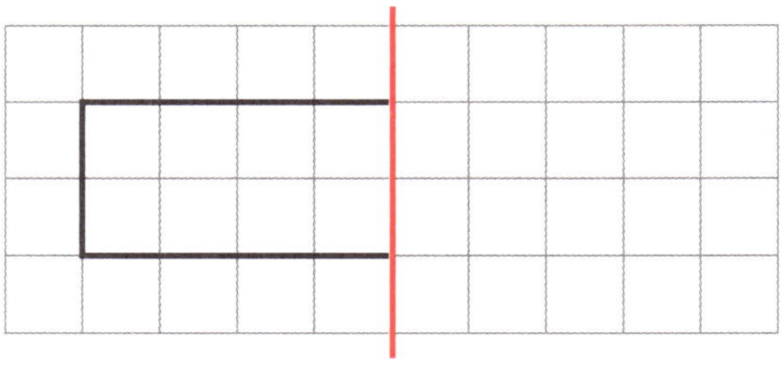

b)

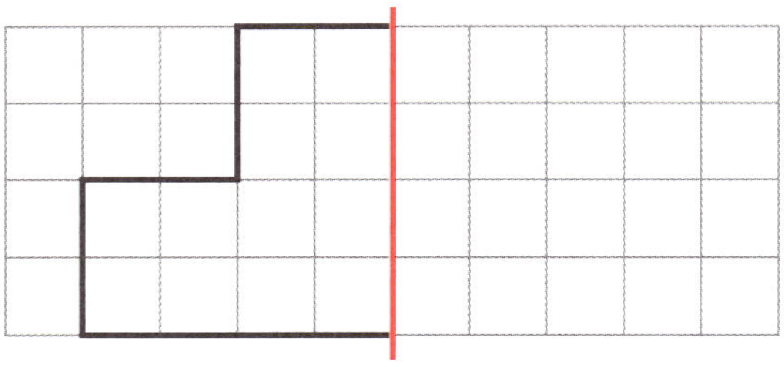

c)

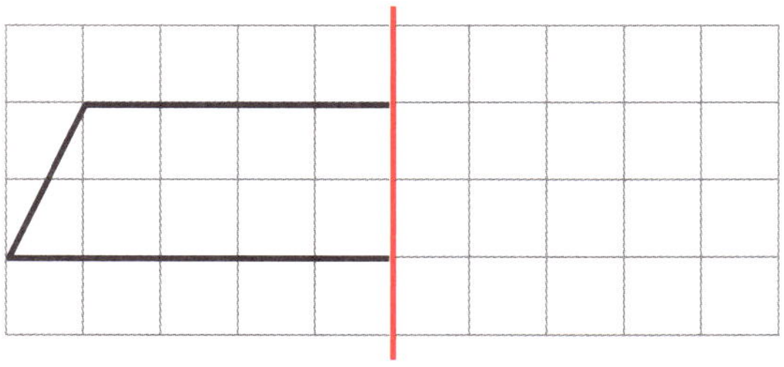

d)

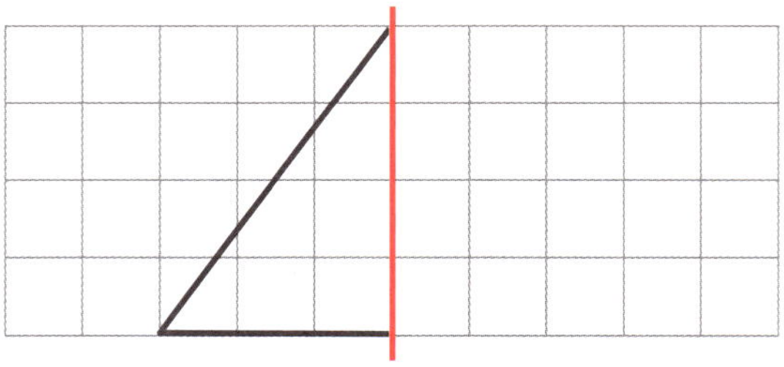

4 Untersuche Bilder und Gegenstände in der Umwelt auf Symmetrie.

1 Figuren legen und zu symmetrischen Bildern ergänzen; mit einem Spiegel arbeiten; weitere Bilder im Raster gestalten
2 und 3 Einen Spiegel nutzen, um Symmetrien zu entdecken

Multiplizieren und dividieren mit Zehnerzahlen

1 a)

2 · 3 = ___ 2 · 30 = ___ 2 · 300 = ___

b)

2 · 4 = ___ 2 · 40 = ___ 2 · 400 = ___

2 Zeichne die Zahlbilder. Löse die Aufgaben.

3 · 3 = ___ 3 · 30 = ___ 3 · 300 = ___

3 Teile in zwei Teile und rechne.

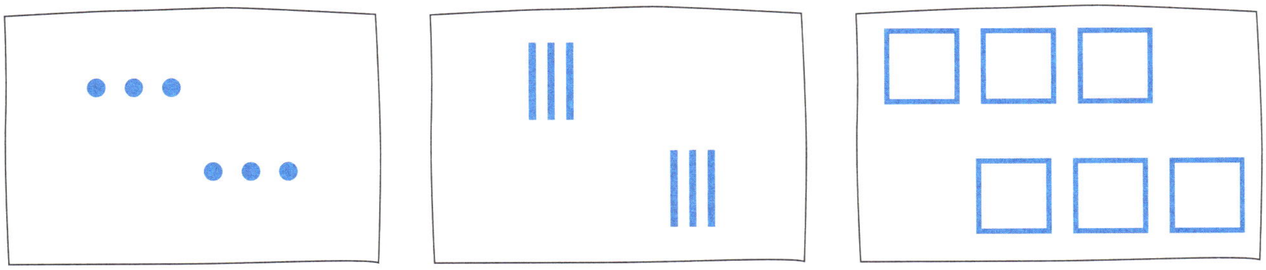

6 : 2 = ___ 60 : 2 = ___ 600 : 2 = ___

4

a) 6 : 3 = ___
60 : 3 = ___

b) 8 : 2 = ___
80 : 2 = ___

c) 10 : 2 = ___
100 : 2 = ___

1 Aufgaben mit Material legen und über Gemeinsamkeiten und Unterschiede sprechen
2 bis 4 Zahlbilder zur Darstellung von Aufgaben nutzen; analoge Aufgaben bilden und lösen

Punktrechnung vor Strichrechnung

Punktrechnung vor Strichrechnung

① Erkläre und rechne.

6 + 6 + 6 + 2 = ____

3 · 6 + 2 = ____

② Welche Aufgabe passt? Verbinde und rechne.

4 + 3 · 5 = ____

3 + 4 · 5 = ____

3 · 4 + 5 = ____

③ Schreibe die Aufgaben fertig. Rechne.

3 · 3 + __ = ____

1 + ________ = ____

________ + 2 = ____

④ Unterstreiche, was du zuerst rechnest.

a) 3 · 4 + 5 = 17
6 + 2 · 3 = ____
10 + 4 · 2 = ____

b) 20 − 2 · 4 = 12
15 − 5 · 2 = 5
24 − 2 · 6 = 12

c) 3 · 5 + 1 = ____
4 + 10 · 5 = ____
28 − 2 · 4 = ____

Spielwürfel nutzen; Regel an Beispielen handelnd nachvollziehen; über Reihenfolge beim Rechnen sprechen

Multiplizieren

(1) Wie viele sind es?

a)

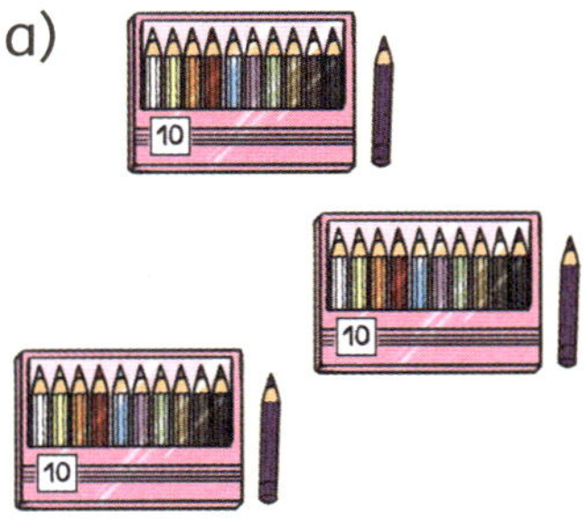

$3 \cdot 11 =$ ____

b)

$3 \cdot 12 =$ ____

c)

$3 \cdot 13 =$ ____

(2) Schreibe die Aufgabe und rechne.

a)

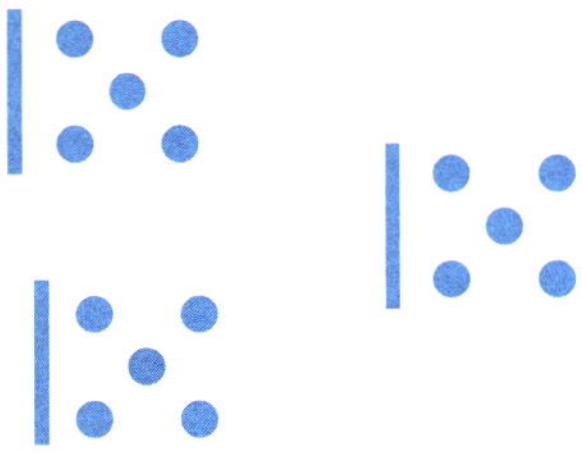

$3 \cdot 15 =$ ____

b)

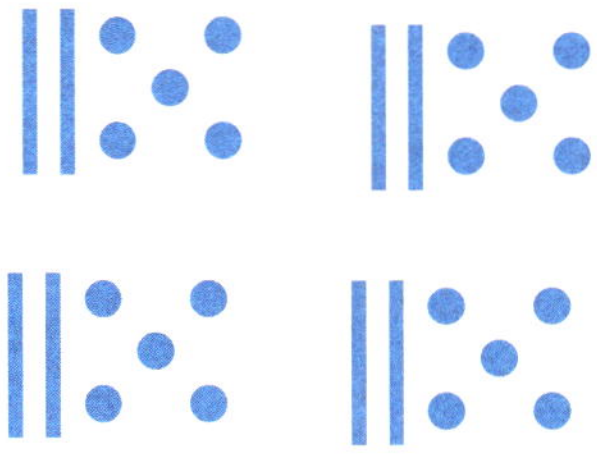

____

c)

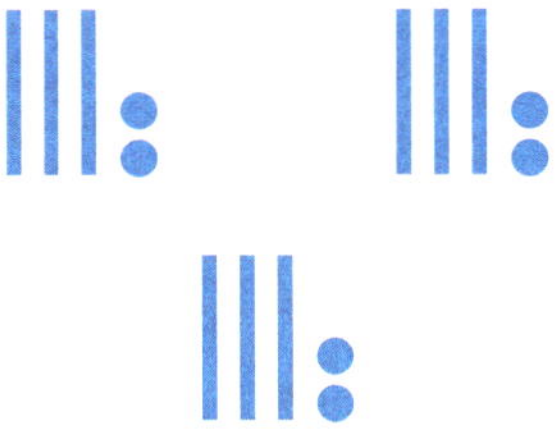

____

(3) Zeichne Zahlbilder und rechne.

a) $2 \cdot 15 =$ ____

b) $3 \cdot 14 =$ ____

c) $4 \cdot 21 =$ ____

(4) Rechne fertig.

a)

$2 \cdot 15 =$ ____

$2 \cdot 10 = 20$

$2 \cdot 5 = 10$

b)

$3 \cdot 14 =$ ____

$3 \cdot 10 =$ ____

$3 \cdot 4 =$ ____

c)

$4 \cdot 13 =$ ____

$4 \cdot 10 =$ ____

$4 \cdot 3 =$ ____

1 Situationen nachspielen
2 bis 4 Mit Material arbeiten; Aufgaben formulieren und umgekehrt zu Aufgaben Material legen; geschicktes Zerlegen reflektieren

Dividieren

1 Erzähle und rechne.

a)

48 : 4 = ____

b)

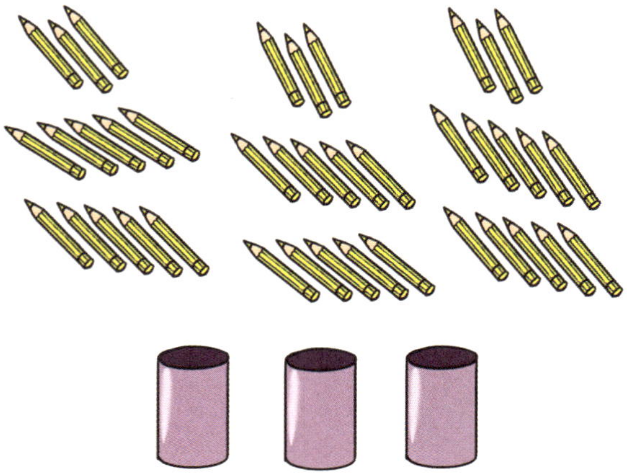

39 : 3 = ____

2 Markiere, wie du rechnest.

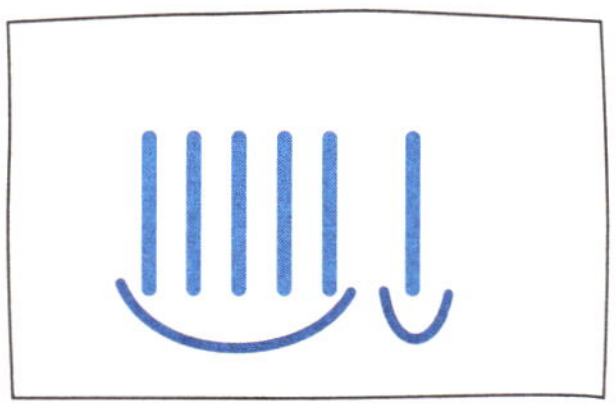

60 : 5 = ____

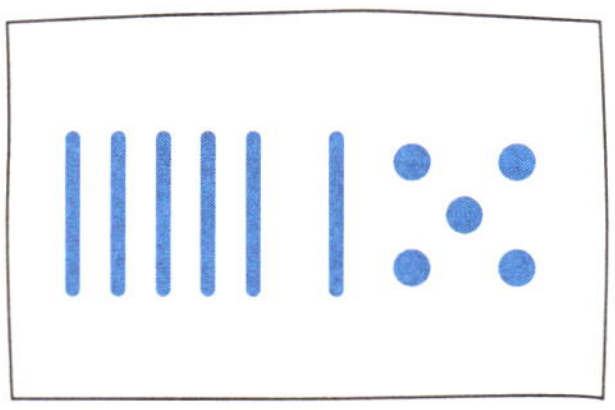

65 : 5 = ____

3 Zeichne Zahlbilder. Markiere, wie du rechnest.

a) 44 : 4 = ____

b) 45 : 3 = ____

c) 46 : 2 = ____

4 Rechne fertig.

a)
36 : 3 = ____
30 : 3 = 10
6 : 3 = 2

b)
70 : 5 = ____
50 : 5 = ____
20 : 5 = ____

c)
52 : 4 = ____
40 : 4 = ____
12 : 4 = ____

1 Situationen nachspielen; dabei Aufteilen und Verteilen wiederholen
2 bis 4 Bei Bedarf mit Material arbeiten; geschicktes Zerlegen reflektieren

Dividieren mit Rest

1. Markiere, wie du rechnest. Wie viel bleibt übrig?

a) 

31 : 3 = 10 R 1

b) 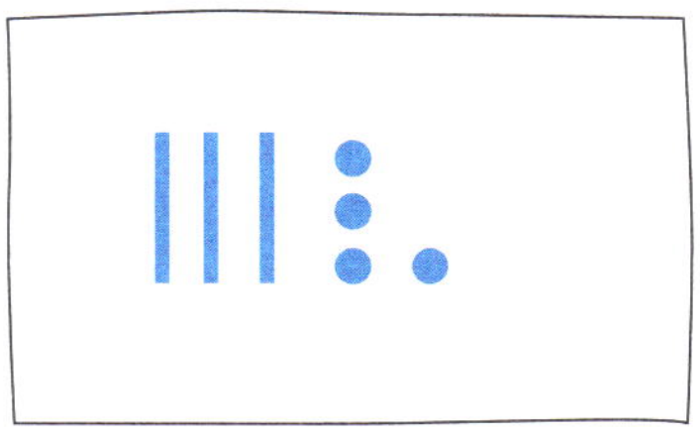

34 : 3 = ____ R __

c) 

35 : 3 = ____ R __

2. Zerlege geschickt. Markiere, wie du rechnest.

a) 

37 : 3 = ____ R __

b) 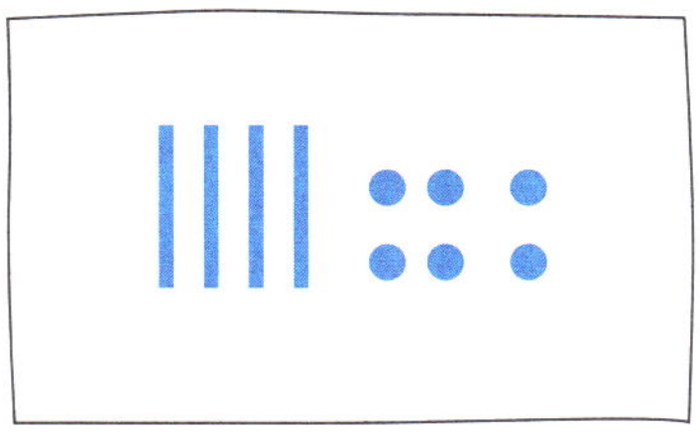

46 : 4 = ____ R __

c) 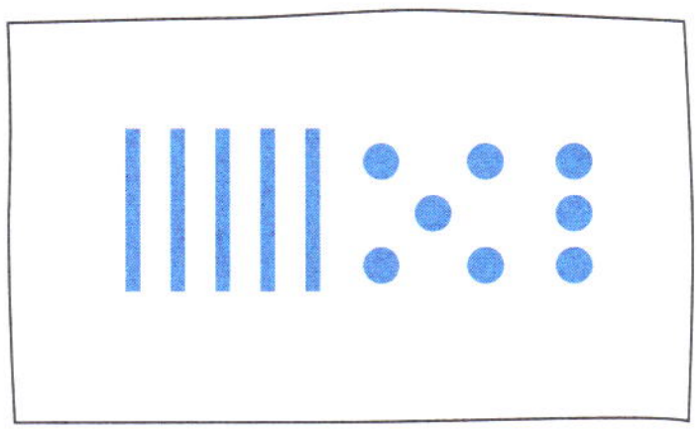

58 : 5 = ____ R __

3. Zeichne Zahlbilder. Markiere, wie du rechnest.

a)

38 : 3 = ____ R __

b)

61 : 5 = ____ R __

c)

45 : 4 = ____ R __

4. Tom hat für Jojo 40 Hundekekse gekauft. Er füllt 3 Tüten mit gleich vielen Keksen.
Wie viel bleibt übrig?

1 bis 3 Bei Bedarf mit Material arbeiten; geschicktes Zerlegen reflektieren
4 Situation nachspielen

Gleichungen und Ungleichungen

1 Vergleiche. Setze <, > oder = ein.

a)

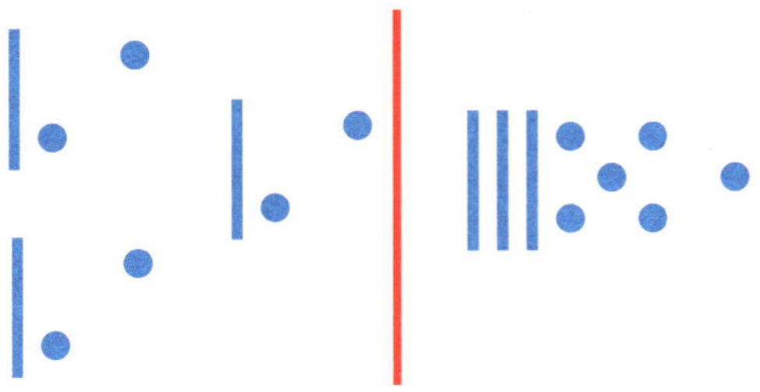

3 · 12 ◯ 36

b)

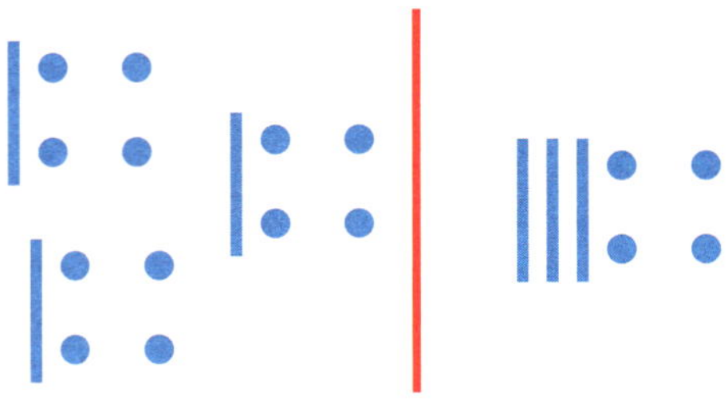

3 · 14 ◯ 34

c)

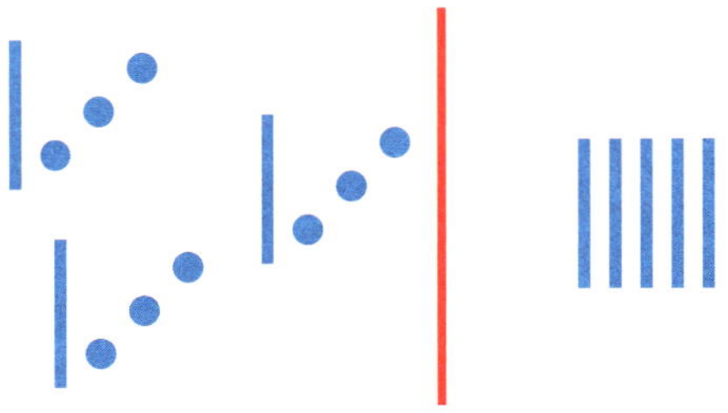

3 · 13 ◯ 50

d)

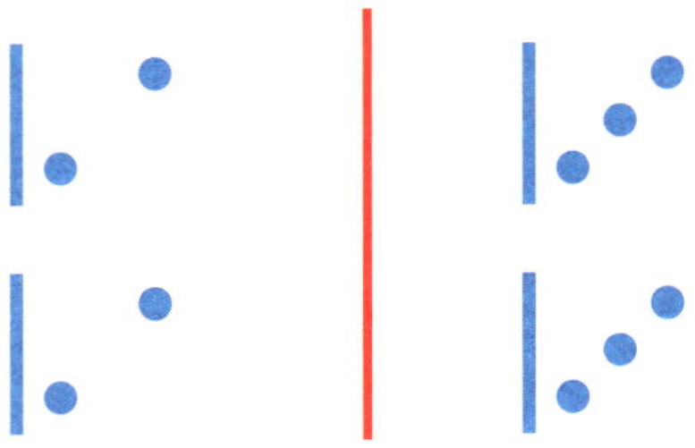

2 · 12 ◯ 2 · 13

e)

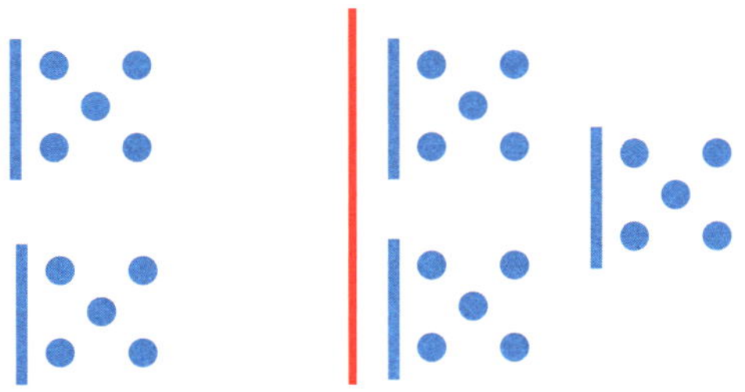

2 · 15 ◯ 3 · 15

f)

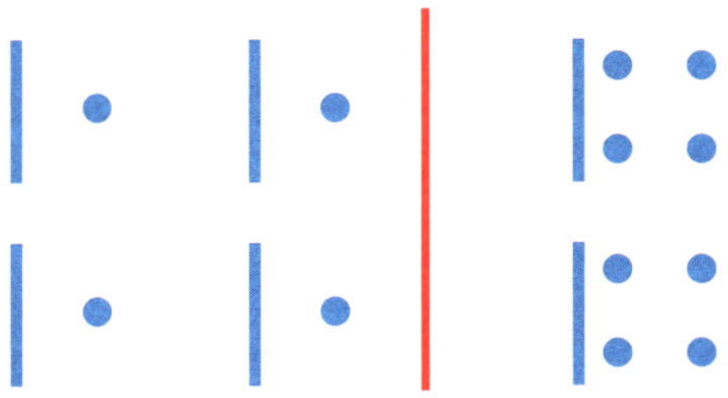

4 · 11 ◯ 2 · 14

2 Vergleiche. Setze <, > oder = ein.

a)	b)	c)
4 · 12 ◯ 60	5 · 12 ◯ 3 · 12	3 · 20 ◯ 2 · 30
5 · 11 ◯ 33	4 · 14 ◯ 4 · 12	2 · 15 ◯ 3 · 16
3 · 14 ◯ 42	3 · 22 ◯ 6 · 11	5 · 12 ◯ 4 · 11

3

a)	b)	c)
2 · 15 = 30 ____	3 · 14 = 34 ____	4 · 13 = 52 ____
2 · 24 = ~~50~~ 48	3 · 15 = 45 ____	4 · 14 = 46 ____
2 · 18 = 36 ____	3 · 21 = 61 ____	4 · 22 = 88 ____

1 und 2 Vergleiche materialgestützt vornehmen; weitere Ungleichungen und Gleichungen selbst schreiben

Sachrechnen: Rechnen mit Tabellen

(1) Lege mit Rechengeld und ergänze die Preise.

a)

	Stück	1	2	3	4
	Preis in €	2			

b)

	Stück	1	2	3	4
	Preis in €	1,20			

c)

	Stück	1	2	3	4
	Preis in €		6,00		

(2) Nina kauft 4 Hefte für 2,00 Euro.

a) Wie viel kosten 2 dieser Hefte?

____

b) Wie viel kostet 1 dieser Hefte?

____

c) Wie viel kosten 8 dieser Hefte?

____

(3) Die Schule kauft neue Hockeyschläger.
3 Stück kosten 36 Euro.
Ergänze die Tabelle.

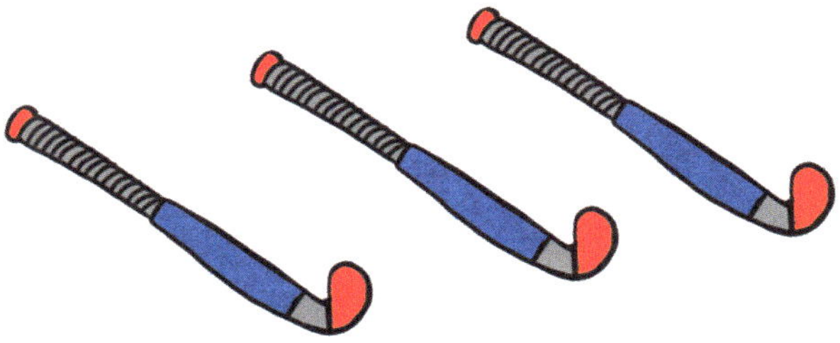

Stück	1	2	3
Preis in €			

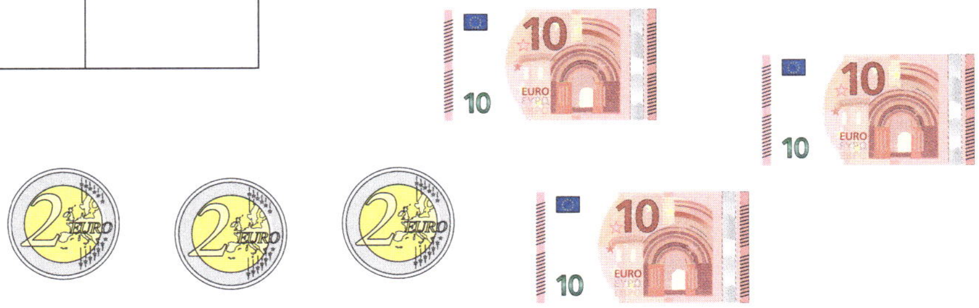

Wiederholung

1 Schreibe die Aufgaben und rechne.

2 · 5 = ______ ______ ______

2 Zeichne Zahlbilder und rechne.

a) $3 \cdot 16 =$ ____

b) $5 \cdot 13 =$ ____

c) $4 \cdot 16 =$ ____

3 Markiere, wie du rechnest.

a)

$42 : 3 =$ ____

b)

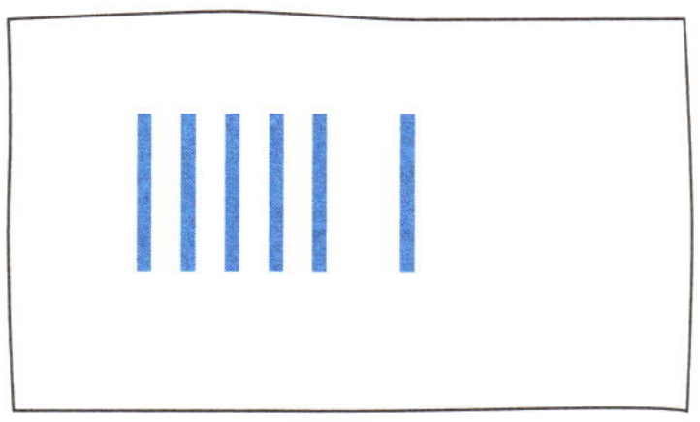

$60 : 4 =$ ____

c)

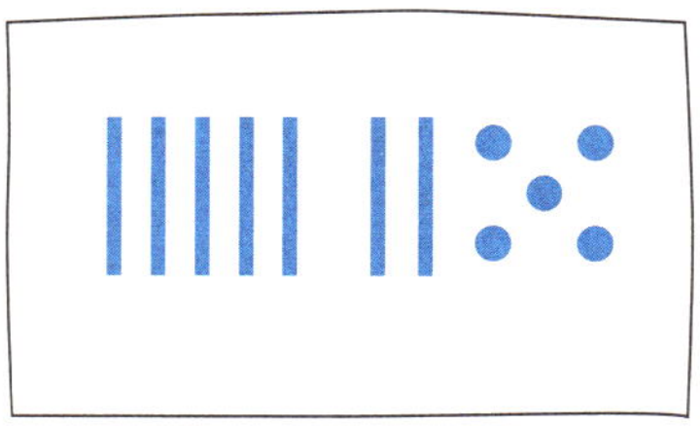

$75 : 5 =$ ____

4 Markiere, wie du rechnest. Wie viel bleibt übrig?

a)

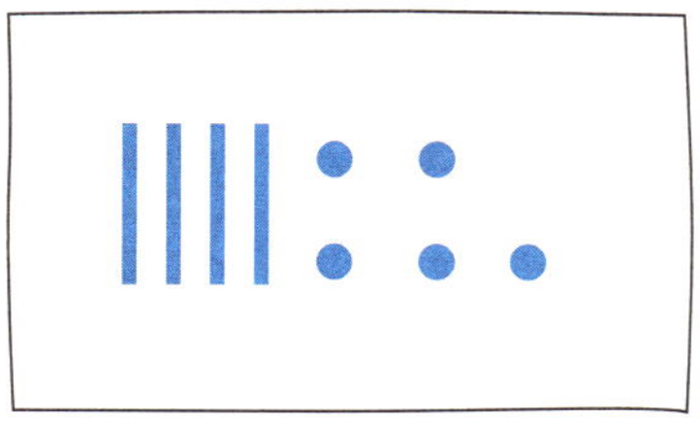

$45 : 4 =$ ____ R ___

b)

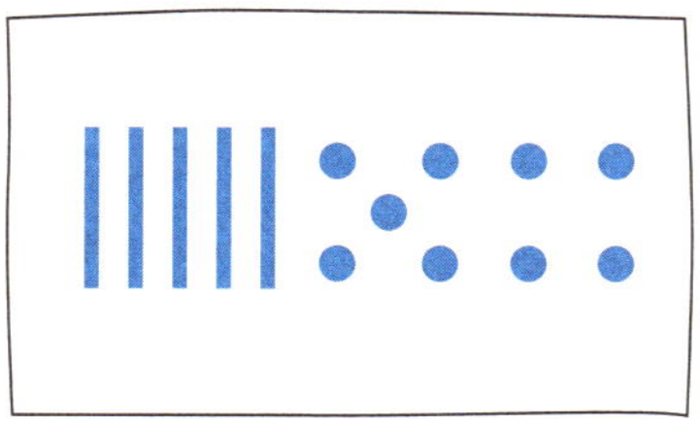

$59 : 5 =$ ____ R ___

c)

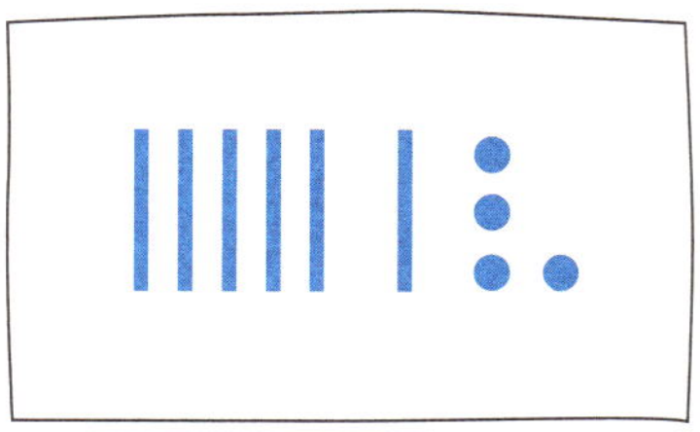

$64 : 3 =$ ____ R ___

Diese Seite als Diagnoseinstrument einsetzen und selbstständig bearbeiten lassen, danach Lösungen erklären lassen.

Stunden und Minuten

1 Wie spät ist es? Verbinde.

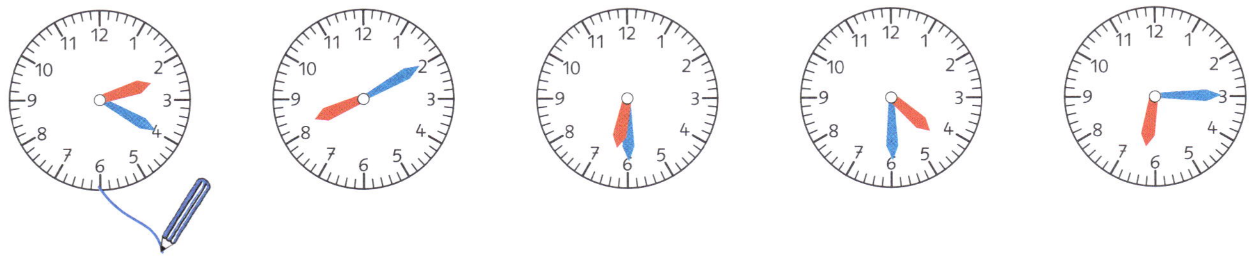

14.20 Uhr	6.30 Uhr	8.10 Uhr	18.15 Uhr	16.30 Uhr

2 Wie spät ist es? Ergänze.

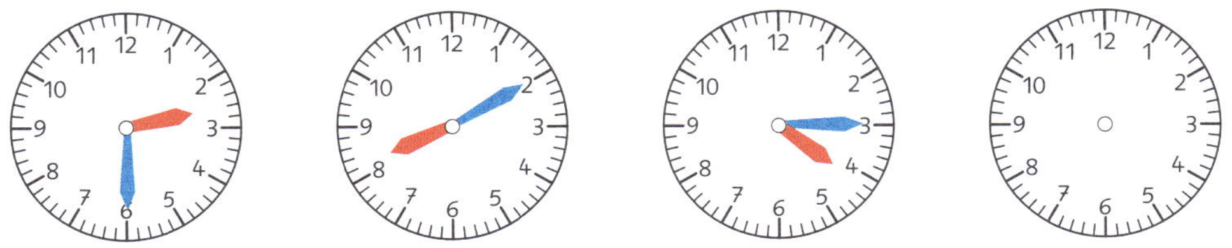

03:30

2.30 Uhr	8.10 Uhr	____ Uhr	____ Uhr	____ Uhr
14.30 Uhr	____ Uhr	16.15 Uhr	21.00 Uhr	

3 Was stimmt? Kreuze an.

- Es ist 11.20 Uhr. ◯
- Es ist 20 Minuten nach 23.00 Uhr. ◯
- Es ist 11.40 Uhr. ◯
- Es ist bald halb zwölf. ◯

4 Stelle Uhrzeiten an der Lernuhr ein.
Schreibe beide Uhrzeiten.

Stunden, Minuten und Sekunden

1 Bei der Feuerwehr kommt es auf jede Sekunde an.
Sie nutzt Uhren mit Sekundenangaben.
Wie viele Sekunden sind vergangen? Verbinde.

30 s	10 s	50 s	15 s	20 s

2 Immer zwei Karten gehören zusammen. Verbinde.

a)

60 s	2 min
120 s	1 min
100 s	3 min
180 s	1 min 40 s

b)

120 min	1 h 30 min
60 min	2 h
90 min	2 h 20 min
140 min	1 h

3 Ergänze zu 1 Stunde.

a) 40 min + ________

10 min + ________

b) 55 min + ________

35 min + ________

4 Ergänze zu 1 Minute.

a) 50 s + ________

30 s + ________

b) 45 s + ________

25 s + ________

1 Erfahrungen mit Stoppuhren ermöglichen oder Uhr mit Sekundenzeiger beobachten, dabei Sekunden zählen

Zeitpunkte und Zeitspannen

1 Schaffst du das? Probiere es aus. Kreuze an.

	Das kann ich.	Das gelingt mir nicht.
20 Sekunden lang die Luft anhalten.	○	○
In 10 Sekunden einen Apfel essen.	○	○
In 5 Sekunden dreimal hüpfen.	○	○
In 60 Sekunden vom Klassenraum zum Lehrerzimmer gehen.	○	○

2 Wie lange? Ergänze.

a)

8.00 Uhr —1 h→ 9.00 Uhr —20 min→ 9.20 Uhr

Zeitspanne: 1 h 20 min

b)

10.00 Uhr —______→ 12.00 Uhr —______→ 12.15 Uhr

Zeitspanne: ______________

c)

3.00 Uhr —______→ 6.00 Uhr —______→ 6.40 Uhr

Zeitspanne: ______________

3 Eine Fähre fährt von Hamburg zur Insel Helgoland.
In Hamburg legt sie um 9.00 Uhr ab.
Im Hafen der Insel Helgoland kommt sie um 12.45 Uhr an.
Wie lange dauert die Fahrt?

Abfahrt

9.00 Uhr —______→ 12.00 Uhr —______→ 12.45 Uhr

Ankunft

Zeitspanne: ______________

1 Dauer von Alltagssituationen messen; weitere Situationen überlegen und Zeitdauer schätzen und messen **2 und 3** mit zwei Lernuhren arbeiten: Zeiten an Lernuhren einstellen, eine Lernuhr unverändert belassen, auf der anderen die Zeit ändern

Schriftliche Addition

(1) Erkläre und ergänze.

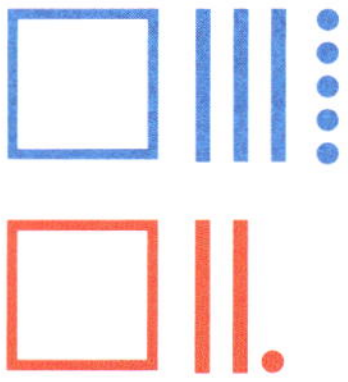

	H	Z	E
	1	3	5
+	1	2	1
			6

(2) Addiere schriftlich.

a)

	H	Z	E
	1	2	3
+	2	4	2

b)

	H	Z	E
	4	2	2
+	2	3	3

c)

	H	Z	E
	3	1	5
+	2	2	3

d)

	H	Z	E
	7	5	5
+	1	1	2

365, 538, 655, 867

(3) Schreibe untereinander und addiere schriftlich.

a) 245 + 332

	H	Z	E
+			

b) 541 + 324

	H	Z	E
+			

c) 436 + 362

	H	Z	E
+			

d) 423 + 255

	H	Z	E
+			

577, 678, 798, 865

(4) Schreibe untereinander und addiere schriftlich.

a) 317 + 562

+			

b) 472 + 213

+			

c) 727 + 41

+			

685, 768, 879

Bei Bedarf mit Material legen und vereinbarte Sprechweise einüben

Übungen zur schriftlichen Addition

1 Erkläre und ergänze.

	H	Z	E
	1	2	4
+	1	1	8
		1	
			2

Ich addiere zuerst die Einer, 8 + 4 = 12. Ich schreibe 2 und übertrage 1.

2 Addiere schriftlich.

a)

	H	Z	E
	1	4	8
+	2	3	3

b)

	H	Z	E
	1	9	4
+	1	2	2

c)

	H	Z	E
	1	2	6
+	5	3	3

d)

	H	Z	E
	3	7	3
+	2	4	3

: 316, 381, 616, 659

3 Schreibe untereinander und addiere schriftlich.

a) 273 + 451

	H	Z	E
+			

b) 341 + 281

	H	Z	E
+			

c) 212 + 139

	H	Z	E
+			

d) 436 + 326

	H	Z	E
+			

: 351, 622, 724, 762

4 Welcher Überschlag passt? Welche Lösungskarte passt? Verbinde.

393 + 424	Ü: 500 + 100 = ______	Lösung: 591
489 + 102	Ü: 400 + 400 = ______	Lösung: 392
208 + 184	Ü: 200 + 200 = ______	Lösung: 817

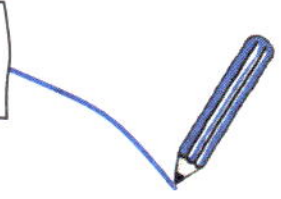

1 bis 3 Bei Bedarf mit Material legen und vereinbarte Sprechweise einüben
4 Vorgehen beschreiben; Lösung anhand der Überschläge ermitteln

Schriftliche Subtraktion ohne Übertrag

① Ergänze.

	H	Z	E
	2	4	3
–	1	2	2
			1

② Subtrahiere schriftlich.

a)

	H	Z	E
	4	4	6
–	1	3	5

b)

	H	Z	E
	3	4	5
–	1	2	3

c)

	H	Z	E
	3	2	4
–	1	1	2

d)

	H	Z	E
	8	5	2
–	5	2	1

: 212, 222, 311, 331

③ Schreibe untereinander und subtrahiere schriftlich.

a) 421 – 311

	H	Z	E
–			

b) 286 – 155

	H	Z	E
–			

c) 464 – 353

	H	Z	E
–			

d) 874 – 562

	H	Z	E
–			

: 110, 111, 131, 312

④ Schreibe untereinander und subtrahiere schriftlich.

a) 382 – 241

–			

b) 545 – 325

–			

c) 278 – 35

–			

: 141, 220, 243

Vereinbartes Verfahren weiterführen und vereinbarte Sprechweise einüben;
beim Abziehen kann die passende Handlung am Material durchgeführt werden

Schriftliche Subtraktion mit Übertrag

1 Subtrahiere schriftlich.

a)

	H	Z	E
	2	4	3
−	1	2	4

b)

	H	Z	E
	3	5	1
−	2	2	9

c)

	H	Z	E
	2	3	4
−	1	5	2

2 Schreibe untereinander und subtrahiere schriftlich.

a) 563 − 344 b) 682 − 468 c) 537 − 354 d) 828 − 355

	H	Z	E
−			

: 183, 214, 219, 473

3 Schreibe untereinander und subtrahiere schriftlich.

a) 426 − 235 b) 321 − 24 c) 673 − 454

−			

: 191, 219, 297

4 Welcher Überschlag passt? Welche Lösungskarte passt? Verbinde.

492 − 204

Ü: 600 − 200 = ______

Lösung: 211

402 − 191

Ü: 500 − 200 = ______

Lösung: 378

586 − 208

Ü: 400 − 200 = ______

Lösung: 288

Übungen zur schriftlichen Subtraktion

1 Welche Lösungskarte könnte stimmen? Überschlage und male an.
Subtrahiere dann schriftlich.

a)

	3	3	6
−	2	2	4

Überschlag:

300 − 200 = 100

560 | 222 | 112

b)

	5	2	3
−	3	0	2

Überschlag:

____ − ____ = ____

221 | 905 | 323

c)

	6	1	1
−	3	0	9

Überschlag:

____ − ____ = ____

418 | 920 | 302

2 Anita hat gerechnet. Kann das stimmen? Überschlage. Kreuze an.

a)

	4	1	8
−	2	2	7
	1	9	1

Überschlag:

____ − ____ = ____

Kann stimmen ○
Kann nicht stimmen ○

b)

	8	1	3
−	5	9	1
	3	8	2

Überschlag:

____ − ____ = ____

Kann stimmen ○
Kann nicht stimmen ○

c)

	7	1	3
−	6	0	4
	1	0	9

Überschlag:

____ − ____ = ____

Kann stimmen ○
Kann nicht stimmen ○

3 Welche Aufgabe kannst du im Kopf rechnen?
Kreuze an. Rechne nur diese Aufgabe.

240 − 201 = ____ ○

347 − 268 = ____ ○

248 − 245 = ____ ○

1 und 2 Vorgehen beschreiben; Lösung anhand der Überschläge ermitteln bzw. überprüfen

Übungen zur schriftlichen Addition und Subtraktion

1 Schreibe untereinander und addiere schriftlich.

a) 431 + 167 b) 323 + 125 c) 728 + 251 d) 643 + 251

: 448, 598, 894, 979

2 Bilde zwei Additionsaufgaben. Rechne eine im Kopf und eine schriftlich.

139 200 237 400 420 527

3 Schreibe untereinander und subtrahiere schriftlich.

a) 384 – 232 b) 574 – 443 c) 643 – 235 d) 817 – 345

: 131, 152, 408, 472

4 Bilde zwei Subtraktionsaufgaben. Rechne eine im Kopf und eine schriftlich.

239 300 314 320 600 765

2 und 4 Merkmale von Aufgaben nennen, die im Kopf gerechnet werden können

Schriftliches Rechnen mit Kommazahlen

(1) Addiere schriftlich.

a)

		2,	9	0	€
+		3,	2	5	€
					€

b)

		3,	4	0	€
+		4,	8	5	€
					€

c)

		1,	9	5	€
+		2,	2	0	€
					€

d)

		5,	7	5	€
+		1,	5	0	€
					€

4,15 €, 6,15 €, 7,25 €, 8,25 €

(2) Schreibe untereinander.
Rechne schriftlich.

City-Backstube	
Nusshörnchen	1,80 €
Brot klein	2,35 €
Summe	

Die Backwaren kosten zusammen ____________.

(3) Subtrahiere schriftlich.

a)

		4,	2	0	€
−		1,	3	0	€
					€

b)

		5,	5	0	€
−		3,	7	0	€
					€

c)

		2,	0	5	€
−		1,	3	0	€
					€

d)

		3,	3	5	€
−		2,	1	7	€
					€

0,75 €, 1,18 €, 1,80 €, 2,90 €

(4) Andi hat genau 3,27 €.
Er kauft Brötchen für 75 ct.

Wie viel Geld hat er noch?
Rechne schriftlich.

Beträge mit Rechengeld legen
4 Einkaufssituation nachspielen und zu weiteren Einkäufen Aufgaben notieren

Sachrechnen: Informationen entnehmen

Umfrage zu Hobbys

Die Klasse 3b führte eine Umfrage auf dem Schulhof durch. Jedes Kind sollte ein Hobby nennen.

Das Diagramm zeigt die Ergebnisse der Umfrage.

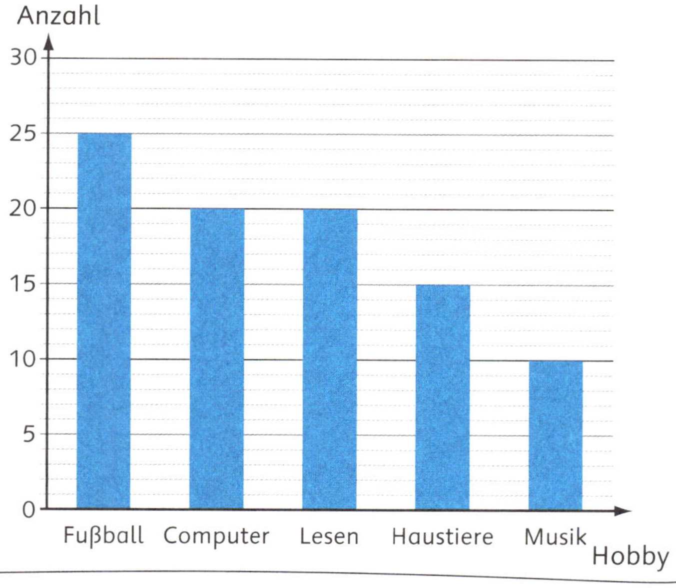

1. a) Welches Hobby ist insgesamt am beliebtesten? ______________________

   b) Wie viele Kinder spielen gern Fußball? ______________________

   c) Wie viele Kinder beschäftigen sich gern mit ihrem Haustier? ______________

2. Ergänze.

   Die meisten Kinder haben ________________ gewählt. Es haben genauso viele Kinder ________________ gewählt wie ________________.

   ________ Kinder haben „Musik" gewählt.

3. Bei einer Umfrage in der Klasse 3a kamen diese Ergebnisse heraus:

   15 Kinder spielen gern Fußball,
   5 lesen gern und
   5 machen gern Musik.

   Erstelle ein passendes Diagramm.

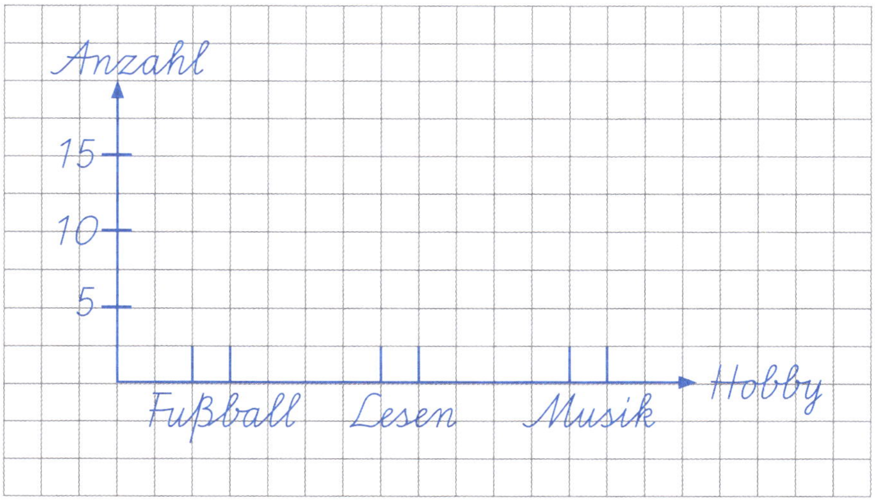

Wiederholung

1

a)

	1	3	4
+	2	5	3

b)

	3	1	6
+	1	6	3

c)

	5	4	8
+	3	1	5

d)

	6	9	3
+	1	4	2

2

a)

	3	4	8
−	1	2	4

b)

	8	6	5
−	6	4	4

c)

	3	5	2
−	1	2	9

d)

	7	3	6
−	2	8	5

3 Schreibe untereinander. Notiere die Überschlagsrechnung und rechne schriftlich.

Ü

a) 288 + 204

Ü:

b) 913 − 132

Ü:

4 Schreibe untereinander und rechne schriftlich.

a)

Elektromarkt	
Batterien	1,40 €
Akkus	3,30 €
Summe	

b)

Büromarkt	
Klebebandabroller	7,49 €
1 Pack Klebeband	1,39 €
Summe	

Die Summe beträgt ____________.

Die Summe beträgt ____________.

Diese Seite als Diagnoseinstrument einsetzen und selbstständig bearbeiten lassen, danach Lösungen erklären lassen.

Sachrechnen: Daten entnehmen

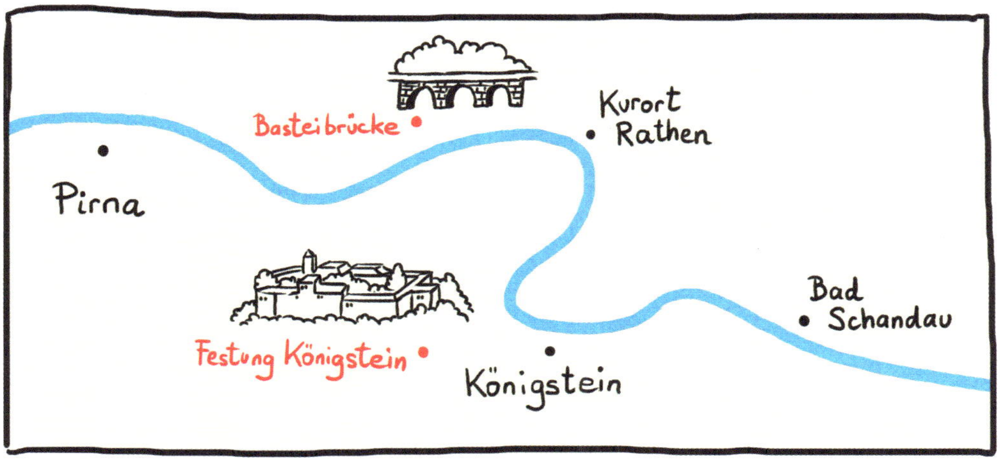

Fahrplan Oberelbe		
	Abfahrt	
Pirna	12.00	13.45
Königstein	14.00	15.45
Bad Schandau	15.00	16.30

Fahrpreise Oberelbe		
Von/Nach	Königstein	Bad Schandau
Pirna	12 €	16 €
Königstein	—	10 €
Kinder unter 16 Jahren zahlen die Hälfte.		

1. Simons Familie plant einen Ausflug von Pirna zur Festung Königstein.

a) Sein Vater möchte um 12.00 Uhr in Pirna abfahren.
Wann kommt das Schiff in Königstein an? ______________

b) Wie lange dauert die Schifffahrt? ______________

c) Wie viel kostet die Fahrt für zwei Erwachsene? ______________

d) Die Kinder können den ermäßigten Fahrpreis nutzen.
Wie viel kostet die Fahrt für drei Kinder? ______________

2. Lara möchte mit ihrer Mama von Pirna nach Bad Schandau fahren.

a) Sie besuchen bis 13Uhr eine Veranstaltung.
Wann können sie in Pirna abfahren? ______________

b) Wann kommt das Schiff in Bad Schandau an? ______________

c) Wie lange dauert die Schifffahrt? ______________

d) Wie viel kostet die Fahrt für Lara und ihre Mama? ______________

Sachrechnen: Diagramme lesen und erstellen

1 Im Sommer wurden die Besucherzahlen des Tierparks gezählt.

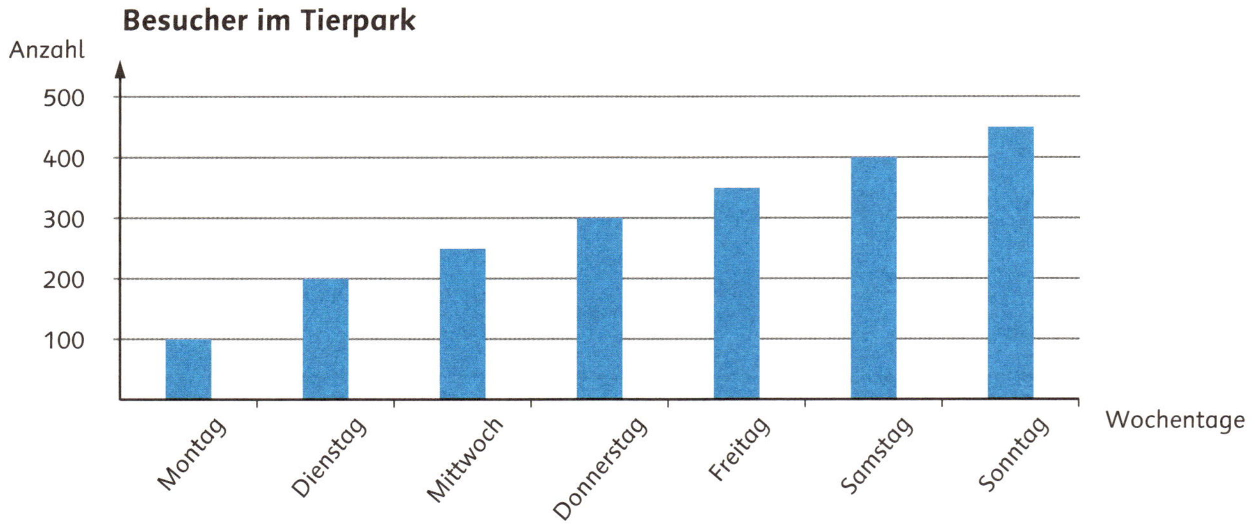

Wie viele Besucher waren im Tierpark? Ergänze den Wochentag.

______ 300 Besucher	______ 400 Besucher	______ 250 Besucher	______ 100 Besucher
______ 450 Besucher	______ 200 Besucher	______ 350 Besucher	

2 a) An welchem Tag kamen die meisten Besucher? ______

b) An welchem Tag kamen die wenigsten Besucher? ______

3 An einigen Tagen im Herbst wurden wieder die Besucher gezählt.

Vervollständige das Diagramm.

Freitag: 50 Besucher

Samstag: 100 Besucher

Sonntag: 150 Besucher

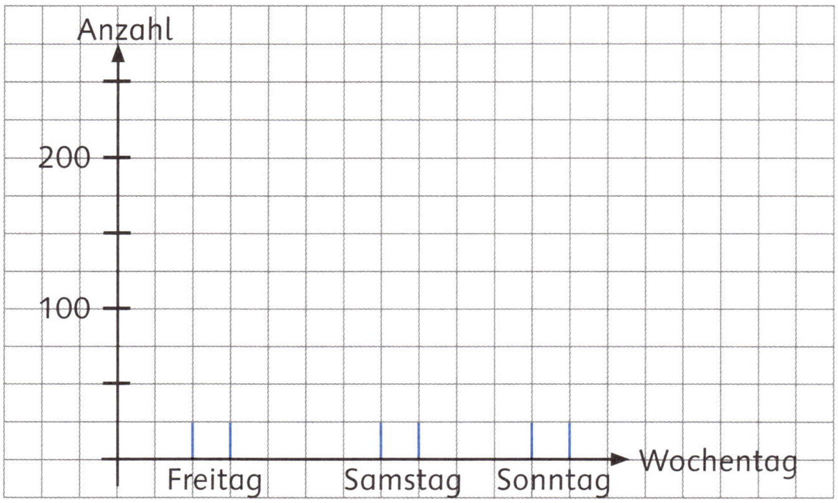

Wahrscheinlichkeit

(1) Sicher, möglich oder unmöglich? Kreuze an.

	sicher	möglich	unmöglich
Das Glücksrad hält auf einem gelben Feld.	○	○	○
Das Glücksrad hält auf einem roten Feld.	○	○	○
Das Glücksrad hält auf einem blauen Feld.	○	○	○
Das Glücksrad hält auf einem blauen oder einem roten Feld.	○	○	○

(2) Welches Glücksrad wählst du?

A

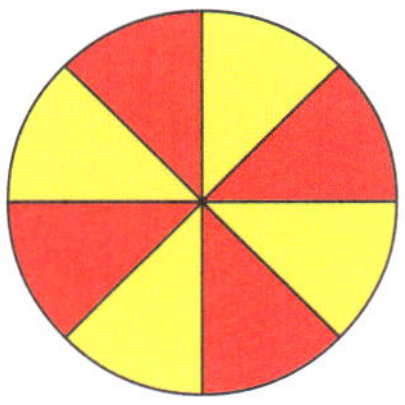

B

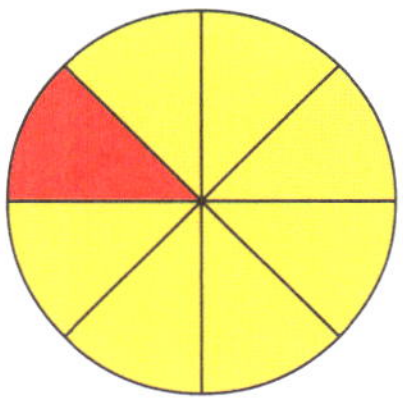

C

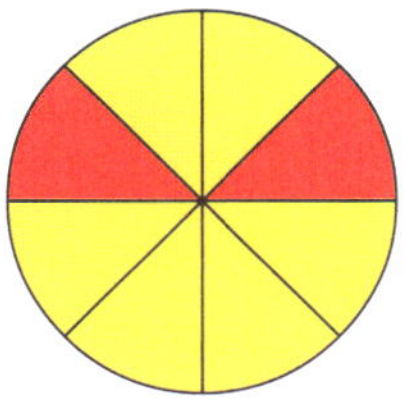

D

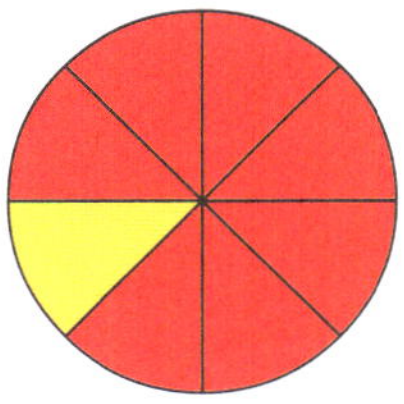

a) Wenn ROT gewinnt, wähle ich Glücksrad ____ .

b) Wenn GELB gewinnt, wähle ich Glücksrad ____ .

c) Bei Glücksrad ____ sind die Chancen für ROT und GELB gleich groß.

(3) Male die Glücksräder in den Farben ROT und GELB passend an.

a) Die Gewinnchancen für ROT sind größer.

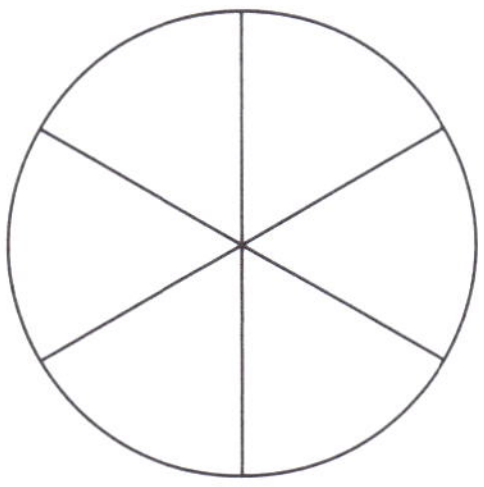

b) Die Gewinnchancen für GELB sind größer.

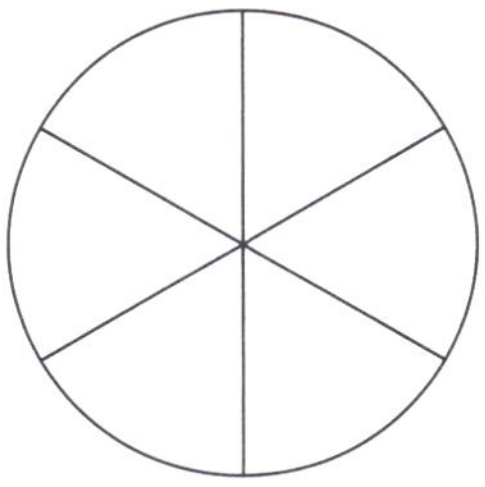

Über Aufbau und Verwendung von Glücksrädern sprechen; Glücksräder erstellen und ausprobieren

Kombinatorik

① Sulola baut Zweiertürme aus gelben und blauen Steinen.

a) Zeichne drei Beispiele.

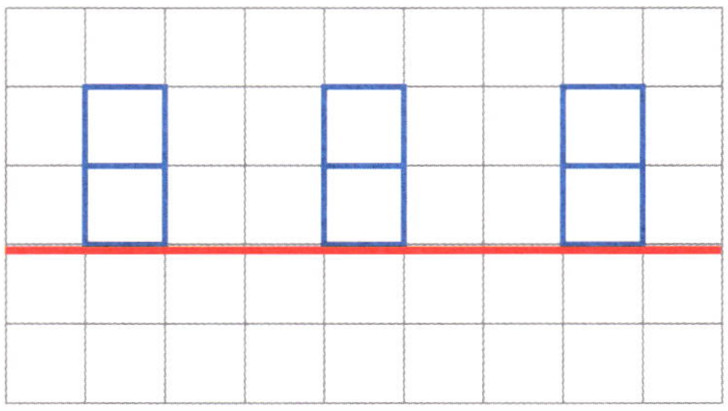

b) Finde alle Möglichkeiten.

	gelb	blau
gelb		
blau		

Es gibt ____ Möglichkeiten.

② Toni hat grüne, gelbe und blaue Steine. Er baut damit Zweiertürme.

a) Zeichne drei Beispiele.

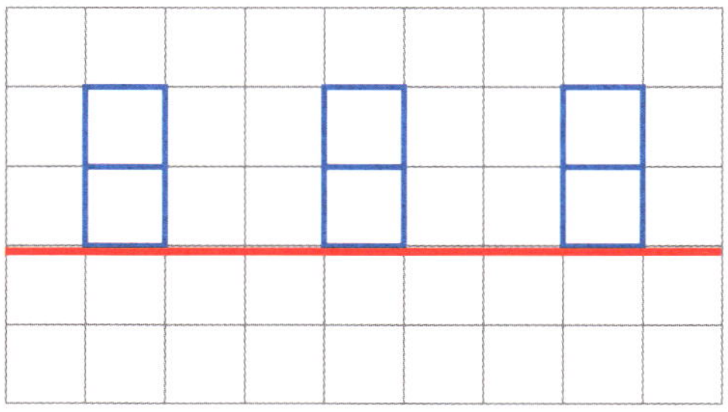

b) Finde alle Möglichkeiten.

	grün	gelb	blau
grün			
gelb			
blau			

Es gibt ____ Möglichkeiten.

③ Anita hat Geburtstag. Sie deckt den Tisch mit grünen, gelben und roten Bechern und Tellern in den Farben Blau und Gelb. Wie viele Möglichkeiten hat sie? Färbe passend und zähle.

Becher

Teller

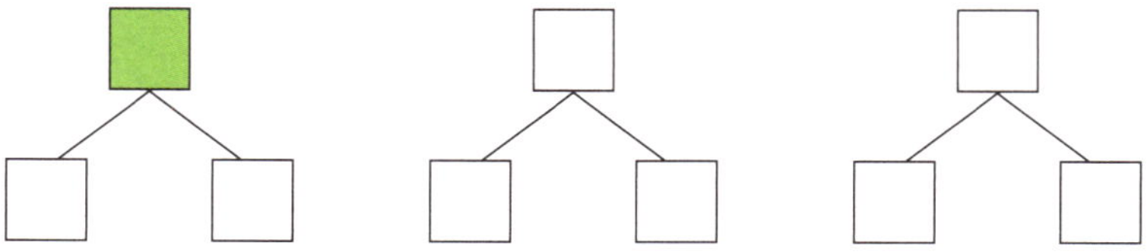

Es gibt ____ Möglichkeiten.

Ergebnisse auf Zetteln festhalten und sortieren; systematisches Vorgehen thematisieren
1 und 2 Steckwürfel zum Probieren verwenden
3 Situation nachspielen

Wiederholung

① Ali fährt von Koblenz nach Bacharach.
Wann kommt er dort an? ______

② Lara fährt von Koblenz nach St. Goar.
Wie lange dauert die Fahrt? ______

Fahrplan Mittelrheinbahn	
9.15	Koblenz Hbf
10.05	Boppard HBf
10.35	St. Goar
11.45	Bacharach
12.45	Bingen Hbf

③ Die Klasse 3 hat eine Umfrage zum Thema Lieblingsfarbe gemacht.

a) Wie viele Kinder haben Blau gewählt? ______

b) Wie viele Kinder haben Gelb gewählt? ______

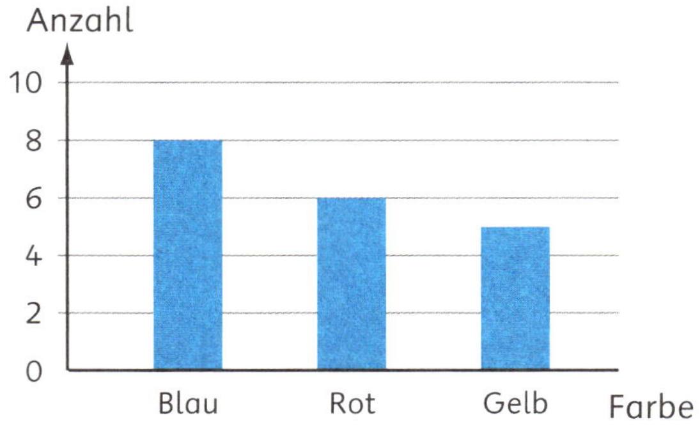

④ Welches Glücksrad wählst du?

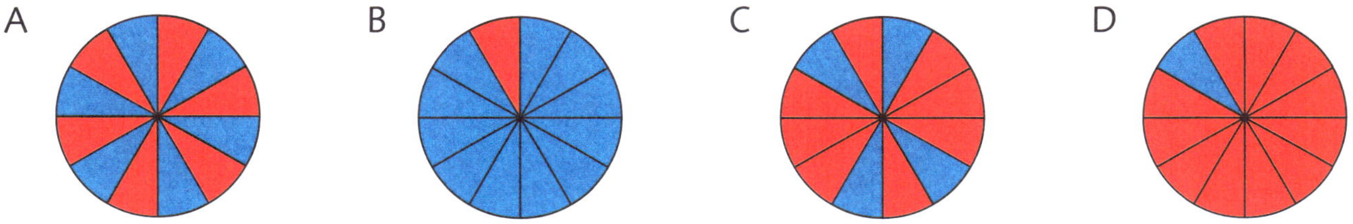

a) Wenn BLAU gewinnt, wähle ich Glücksrad ____ .

b) Wenn ROT gewinnt, wähle ich Glücksrad ____ .

⑤ Sulola baut Zweiertürme aus grünen und gelben Steinen.

a) Zeichne drei Beispiele.

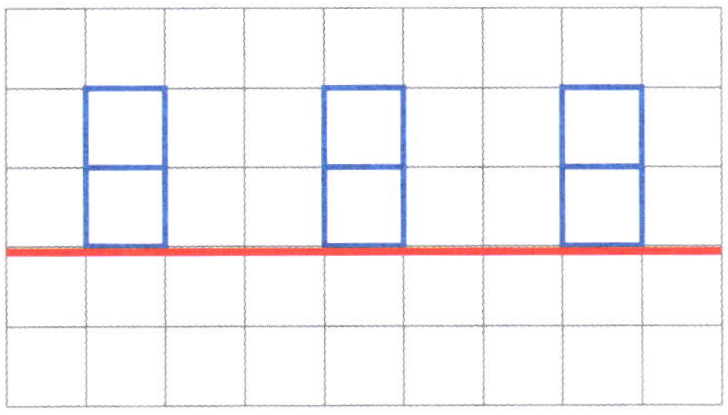

b) Finde alle Möglichkeiten.

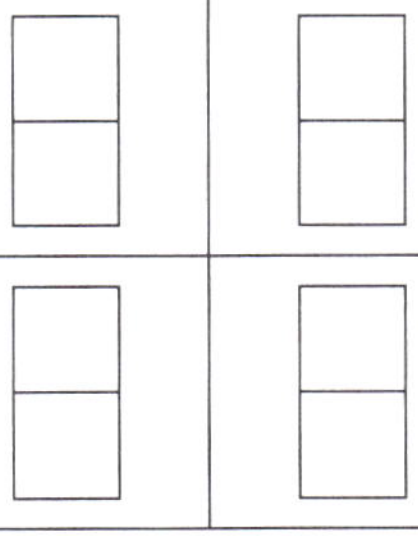

	grün	gelb
grün		
gelb		

Es gibt ____ Möglichkeiten.

Diese Seite als Diagnoseinstrument einsetzen und selbstständig bearbeiten lassen, danach Lösungen erklären lassen.

Zueinander parallele Geraden

(1) Sind die Geraden zueinander parallel?
Überprüfe mit einem Geodreieck. Kreuze an.

a)

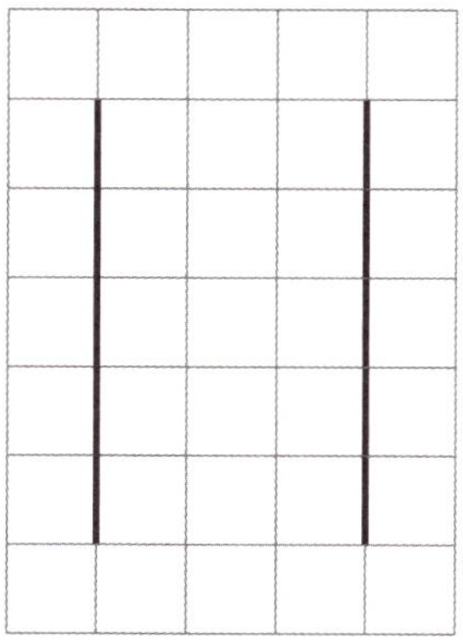

○

b)

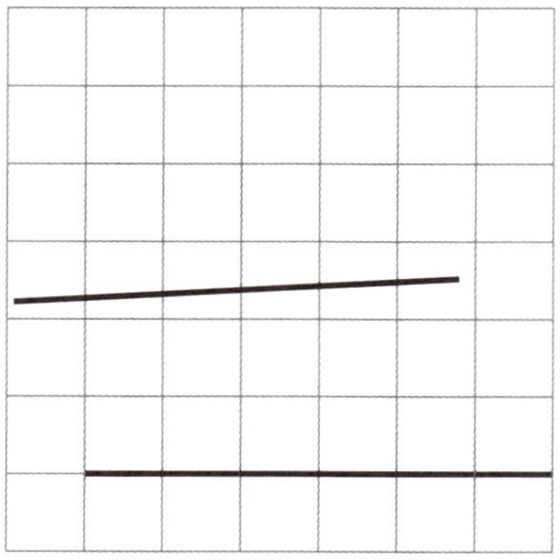

○

c)

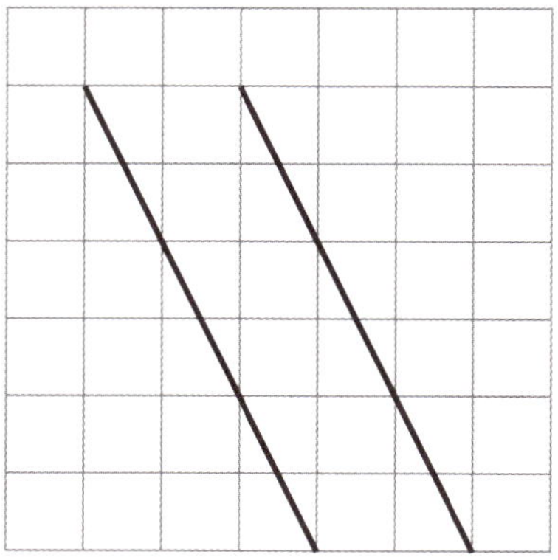

○

(2) Welche Geraden sind parallel zur Geraden g? Zeichne sie mit rot nach.

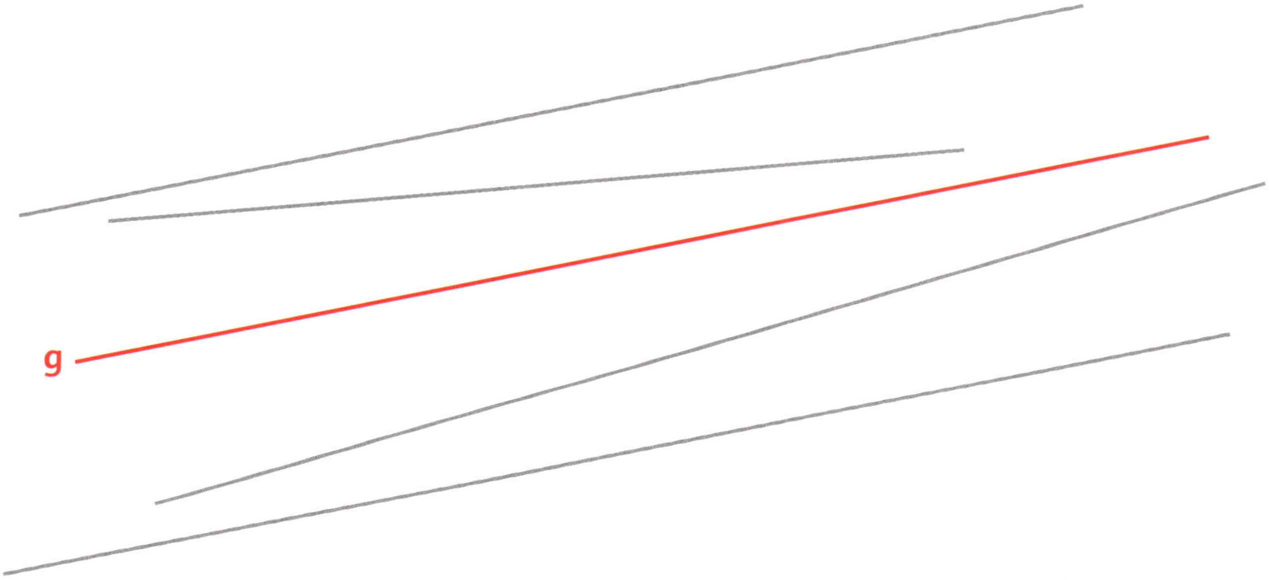

(3) Zeichne mit einem Geodreieck zu jeder Geraden zwei parallele Geraden.

a)

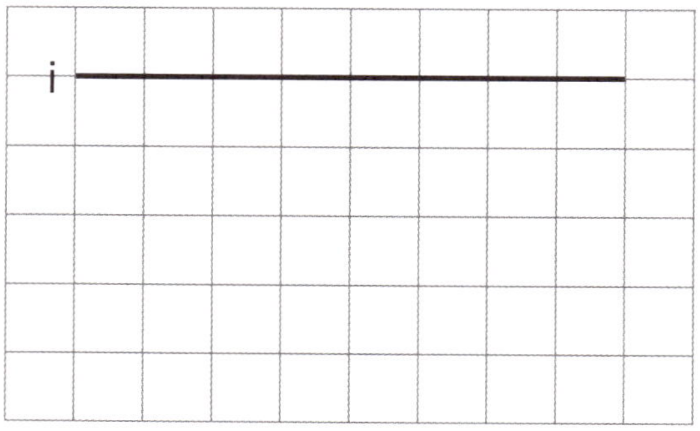

b)

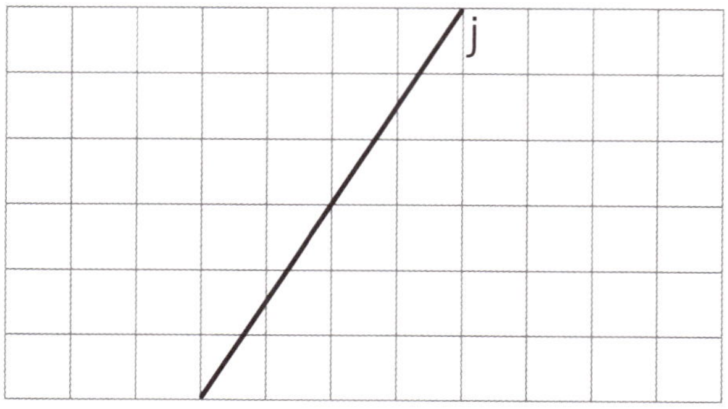

(4) Suche Linien an Gegnstänen, die parallel zueinander sind.

1 Raster nutzen, um zu prüfen, ob sich Abstände zwischen Linien verändern

Zueinander senkrechte Geraden

① Sind die Geraden zueinander senkrecht?
Überprüfe mit einem Geodreieck. Kreuze an.

a)

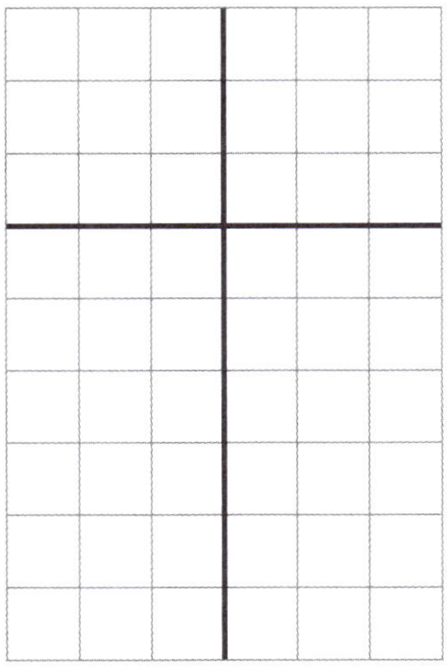

b)

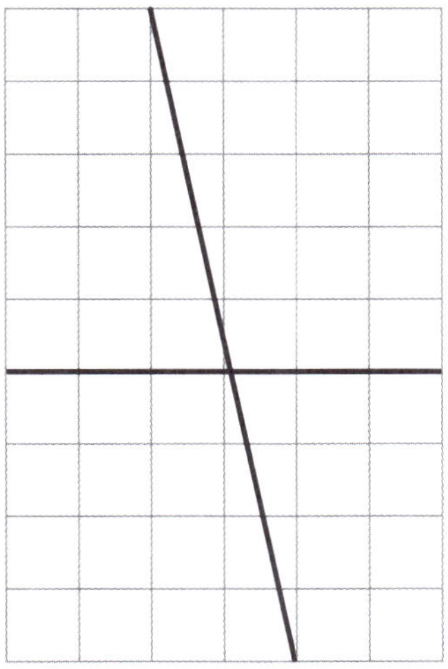

c)

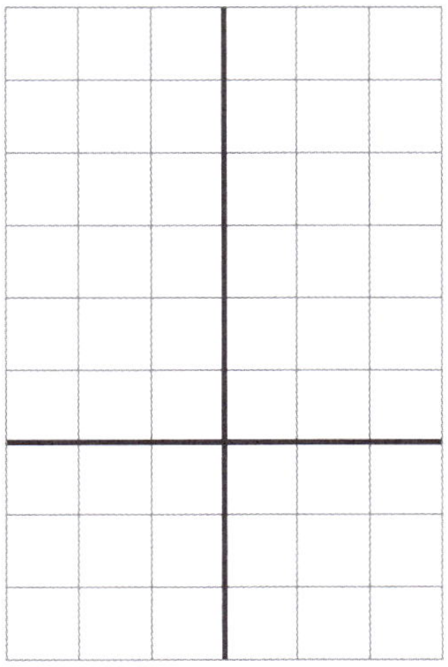

② Zeichne mit einem Geodreieck zwei Geraden, die senkrecht zur Geraden h sind.

h

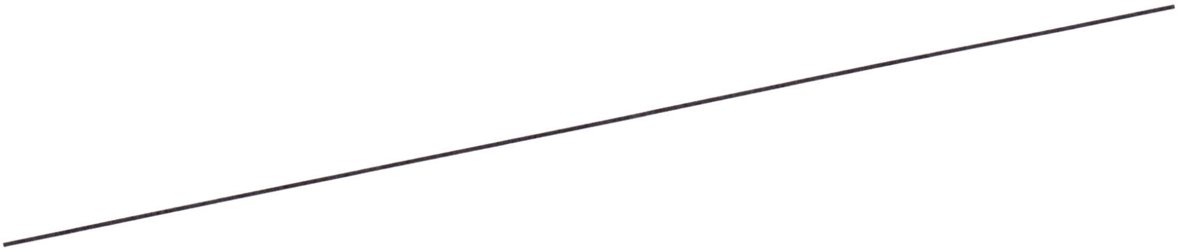

③ Zeichne das Muster mit einem blauen Stift nach. Nutze ein Geodreieck.

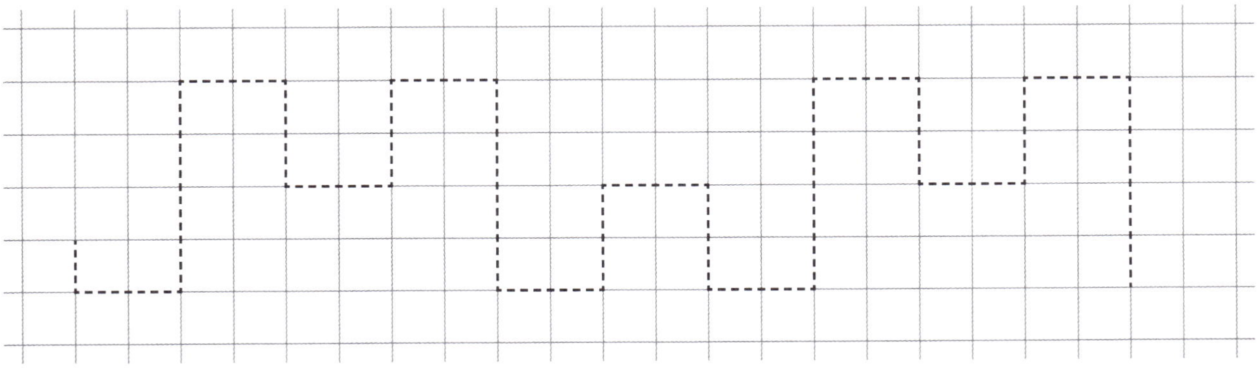

Faltwinkel herstellen und Gegenstände auf rechte Winkel prüfen
1 Raster nutzen, um zu prüfen, ob die Geraden senkrecht zueinander sind
3 Weitere Muster erfinden

Flächen

1 Wie heißen die Flächen? Verbinde.

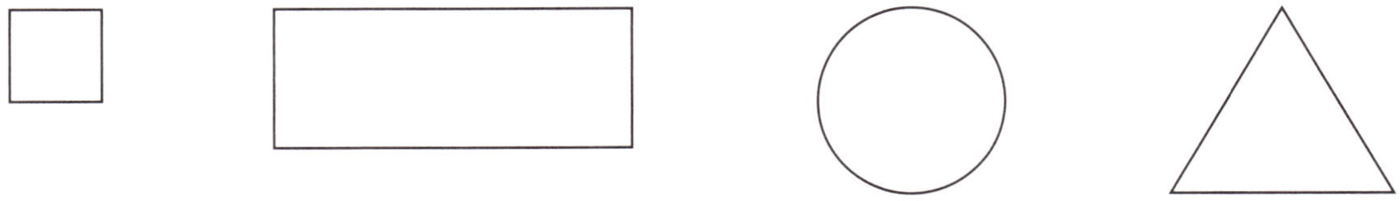

Rechteck Quadrat Dreieck Kreis

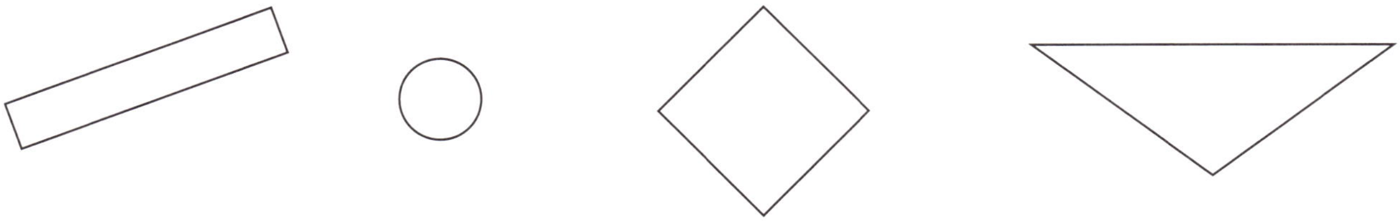

2 Vervollständige die Zeichnungen.

a) Quadrat

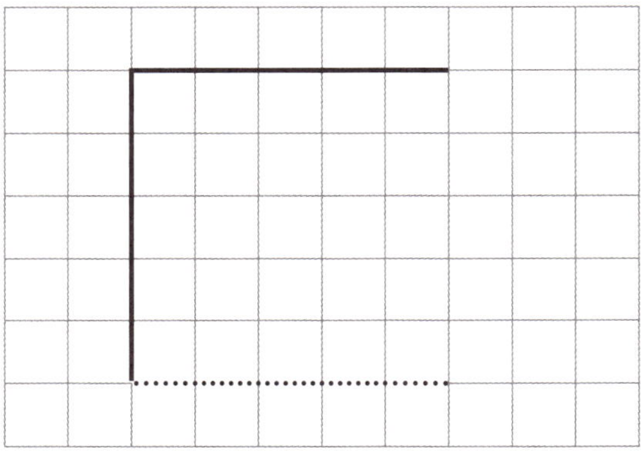

b) Rechteck

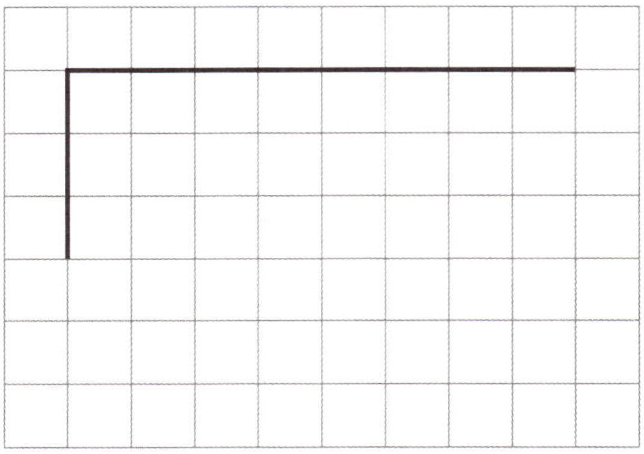

c) Dreieck

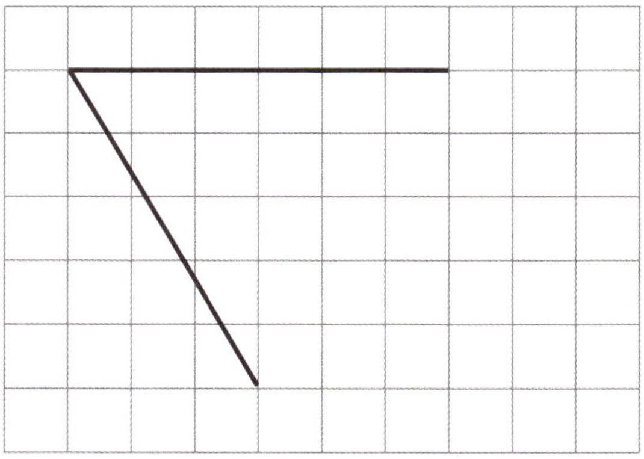

d) Rechteck

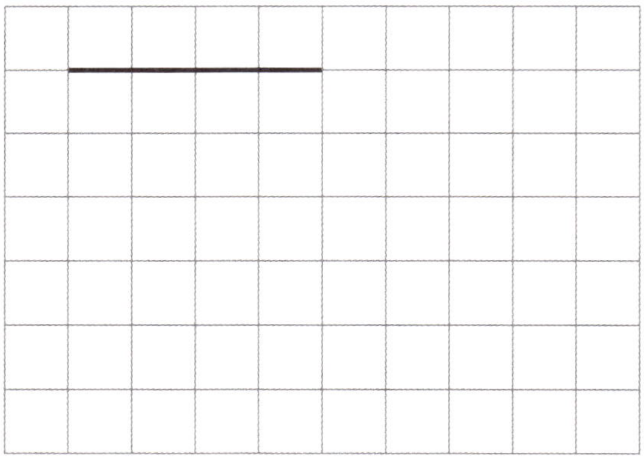

3 Zeichne verschieden große Kreise mit einem Zirkel.

4 Verkleinere. Zeichne jede Linie halb so lang.

a)

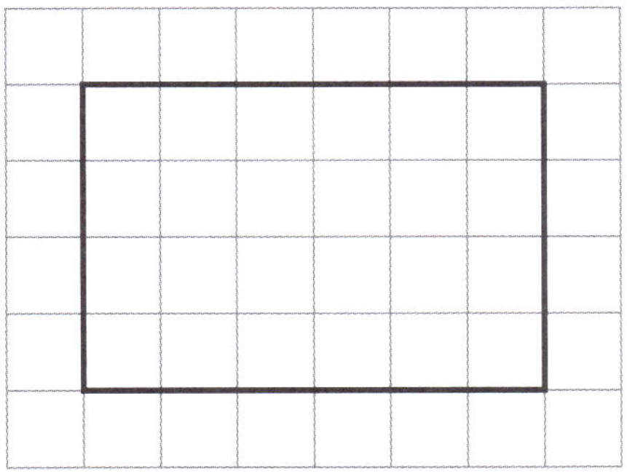

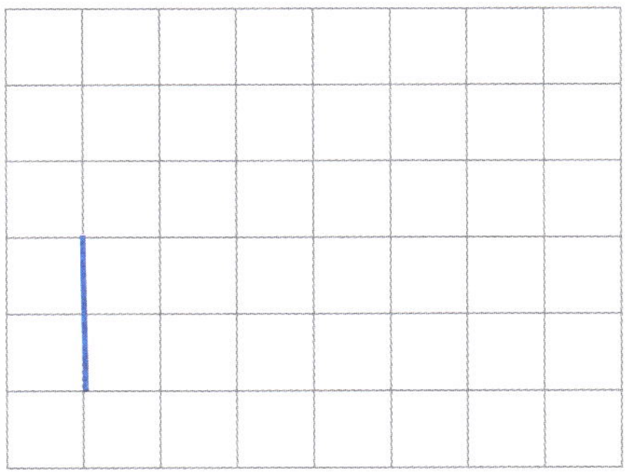

b)

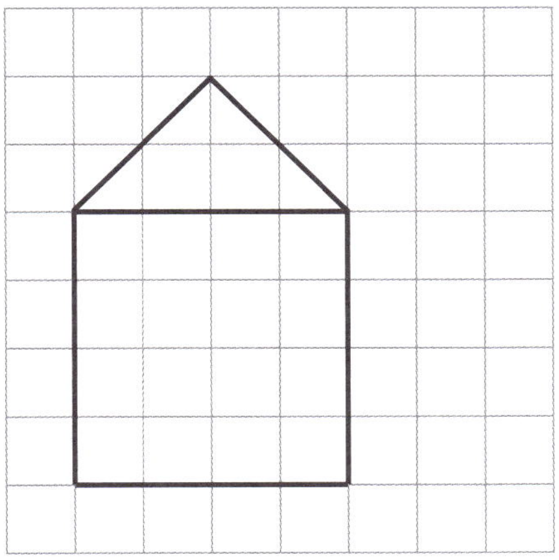

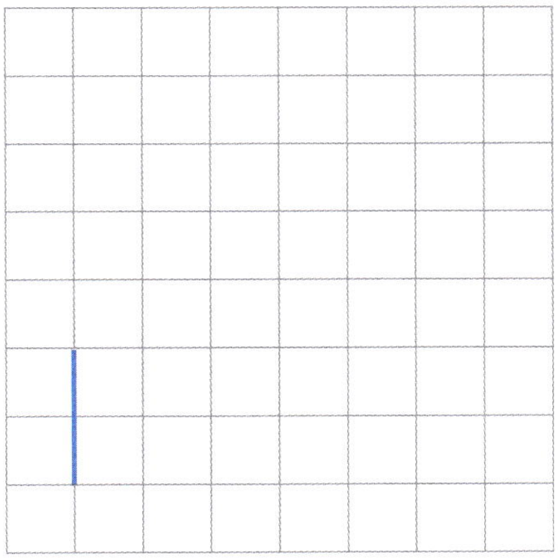

5 Vergrößere. Zeichne jede Linie doppelt so lang.

a)

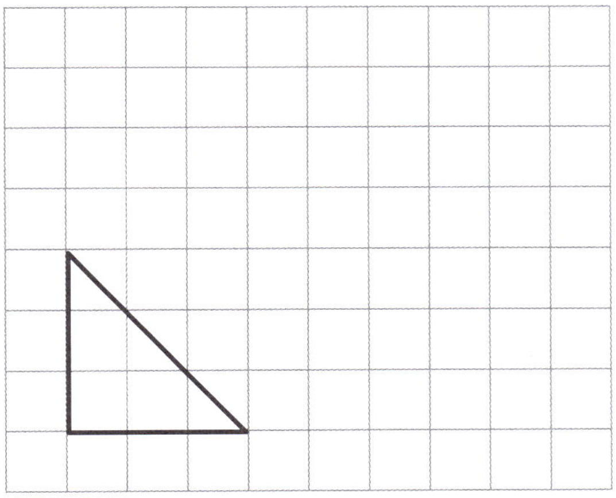

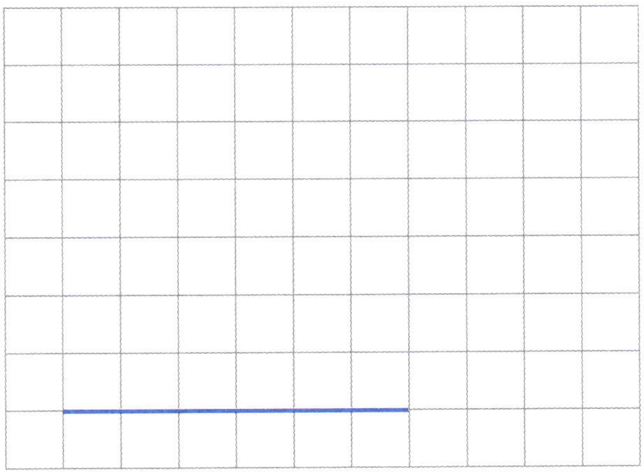

b)

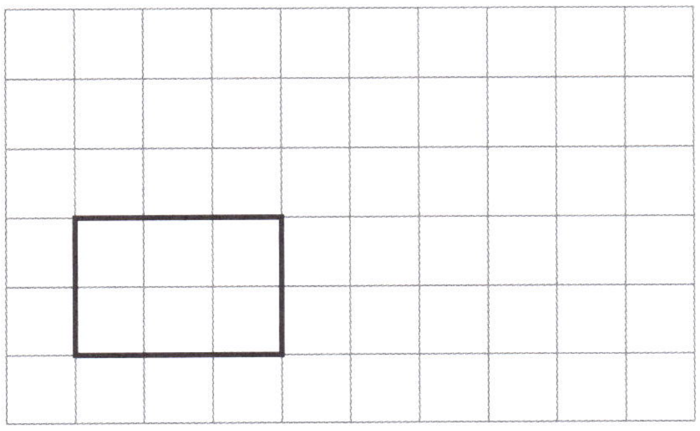

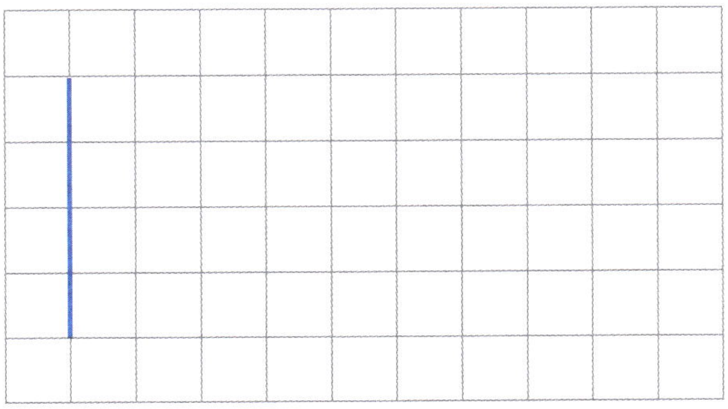

Umfang und Flächeninhalt

1 Wie groß ist der Umfang der Figuren? Zähle die Karolängen. Verbinde.

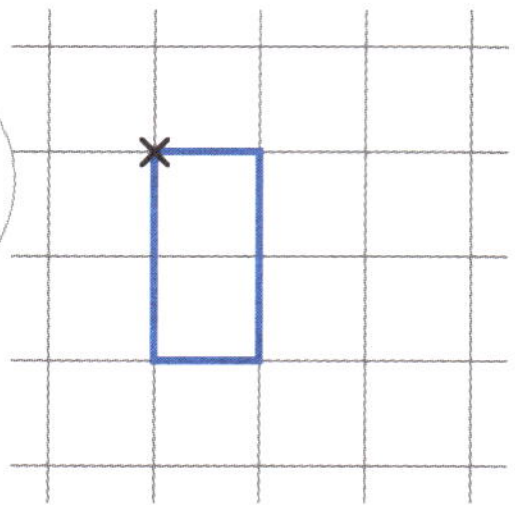

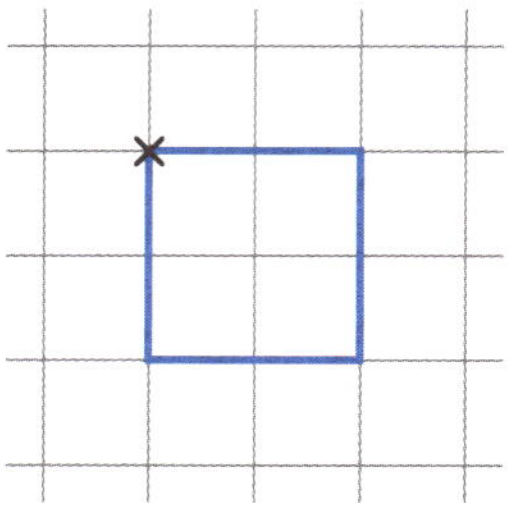

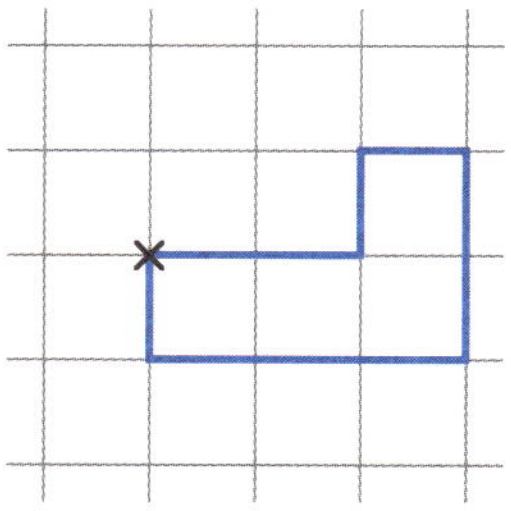

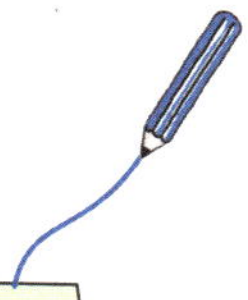

10 Karolängen | 6 Karolängen | 8 Karolängen

2 Wie groß ist der Umfang?

a)

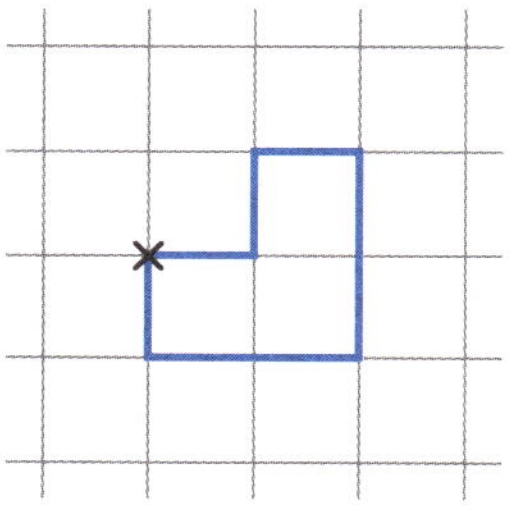

____ Karolängen

b)

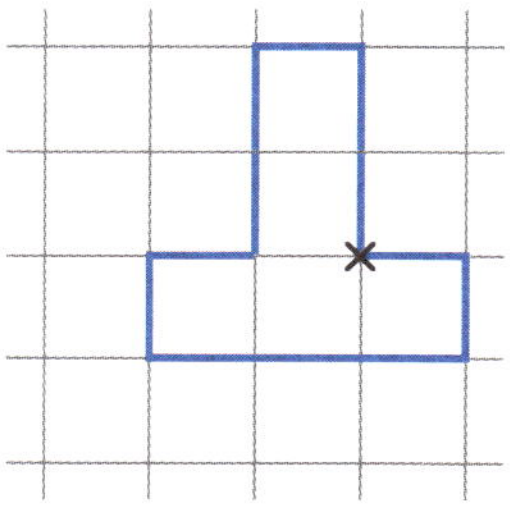

____ Karolängen

c)

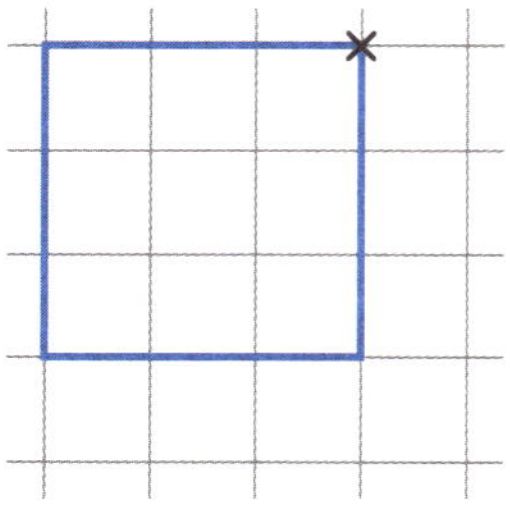

____ Karolängen

3 Wie groß ist der Flächeninhalt der Figuren?

a)

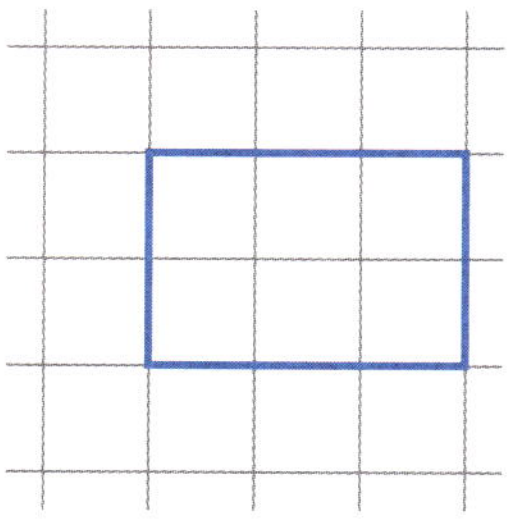

6 Karos

b)

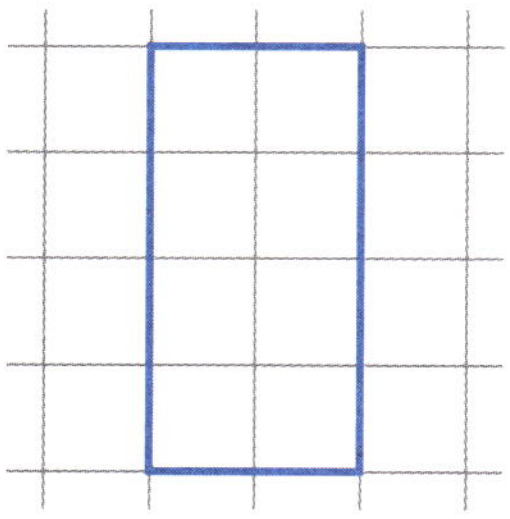

____ Karos

c)

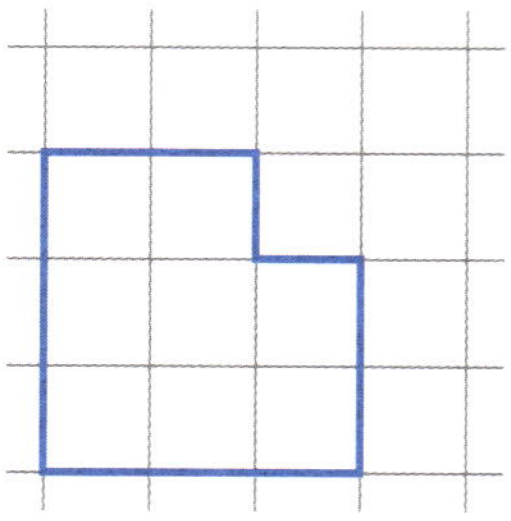

____ Karos

Arbeitstechniken nutzen: Vor dem Zählen von Karos/Karolängen Startpunkt und Arbeitsrichtung festlegen

Gewichte

(1) Ordne. Beginne mit dem leichtesten Gegenstand.

A Buch

B Stuhl

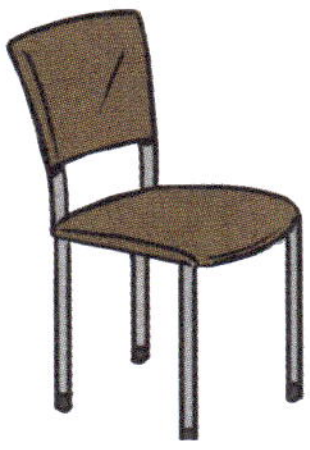

C Fahrrad

D Apfel

E Blatt Papier

____

(2) Schätze und trage ein.

A

B

C

D

E

F

Leichter als 1 kg	Schwerer als 1 kg

(3) Wie schwer? Lies an der Waage ab.

a)

____

b)

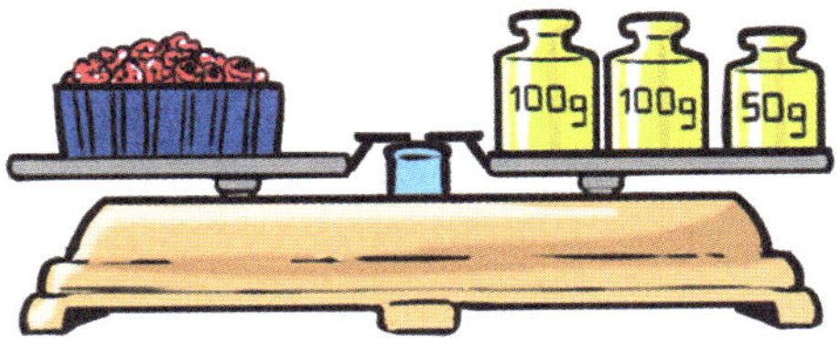

____

(4) Wähle Gegenstände aus. Vergleiche sie nach dem Gewicht und ordne sie.

Direkter Vergleich von Gegenständen nach ihrem Gewicht durch Wiegen mit den Händen; immer wieder ordnen lassen **2** Repräsentanten für 1 kg suchen
3 Bei Bedarf mit Gewichtssteinen arbeiten; weitere analoge Übungen durchführen

Kilogramm und Gramm

(1) kg oder g? Trage ein.

a) 

4 ____

b) 

40 ____

c) 

800 ____

d) 

350 ____

(2) Gleich schwer? Kreuze an.

a) 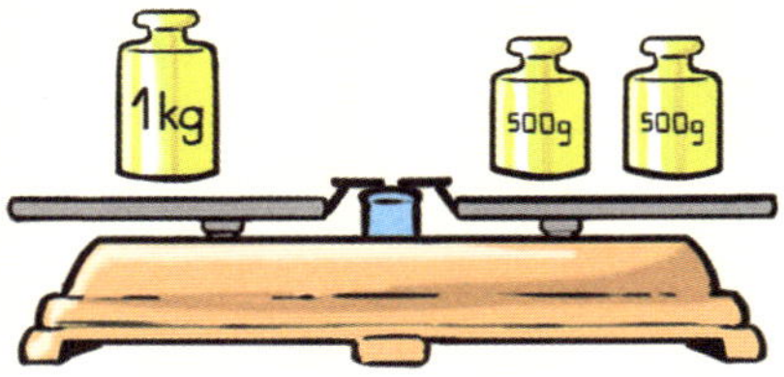

◯

b) 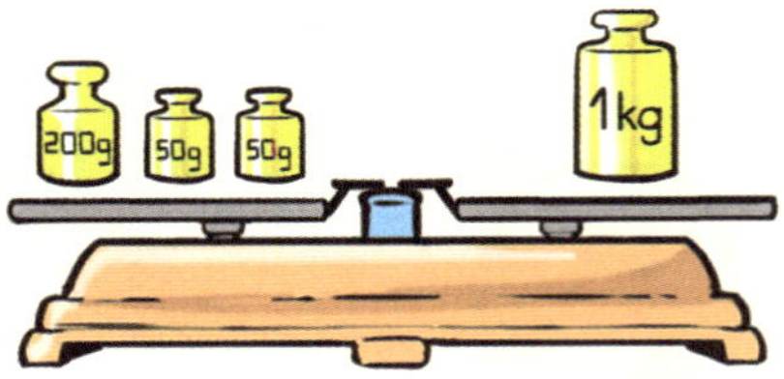

◯

c) 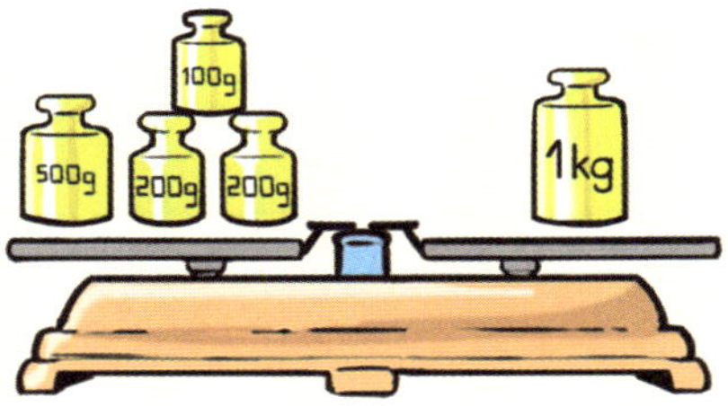

◯

d) 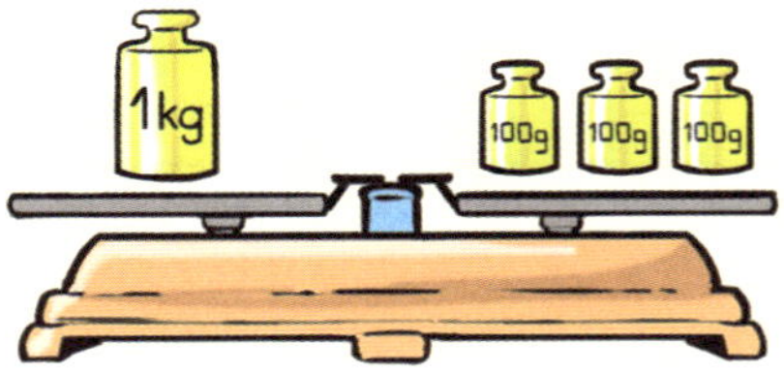

◯

(3) Vergleiche. Setze <, > oder = ein.

a) 60 g ◯ 110 g

250 g ◯ 190 g

5 kg ◯ 2 kg

b) 100 g ◯ 1 kg

500 g ◯ 1 kg

1 000 g ◯ 1 kg

c) 500 g ◯ $\frac{1}{2}$ kg

300 g ◯ $\frac{1}{2}$ kg

700 g ◯ $\frac{1}{2}$ kg

(4) Rechne und male.

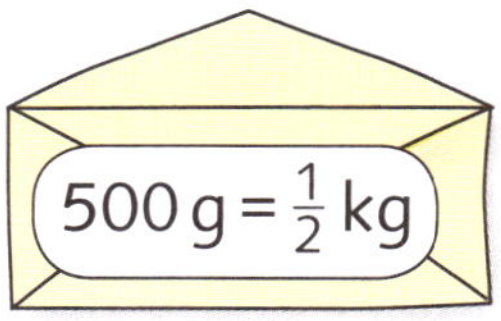

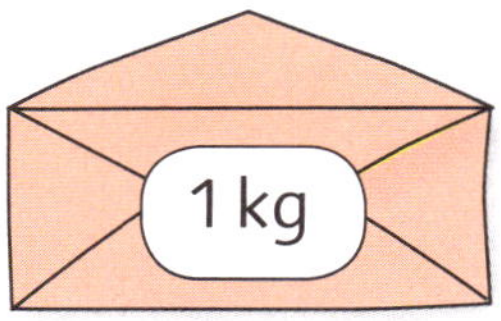

700 g + 300 g	200 g + 300 g
400 g + 100 g	900 g + 100 g
250 g + 250 g	500 g + 500 g

Kilogramm und Gramm thematisieren;
Gewichte wie 1 kg, 500 g, 250 g, 100 g mit den Händen abwiegen
2 Mit unterschiedlichen Gewichtssteinen gegebene Gewichte realisieren

Liter und Milliliter

1 Wie viel passt hinein? Verbinde.

200 Milliliter	400 Milliliter	1 Liter	5 Milliliter	10 Liter

2 l oder ml? Ergänze.

a)

500 ____

b)

3 ____

c)

10 ____

d)
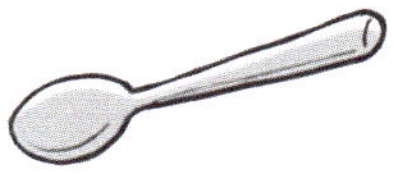
20 ____

3 Wie viel ist in den Messbechern?

a)
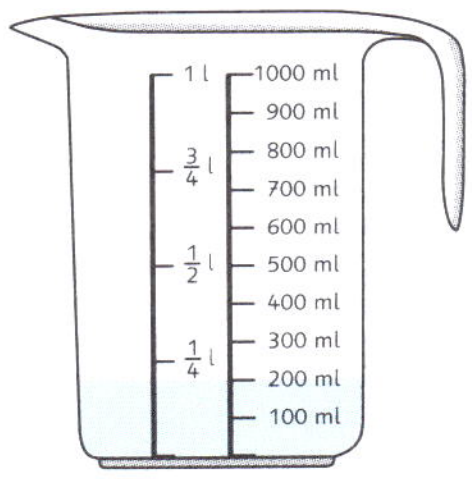

____

b)
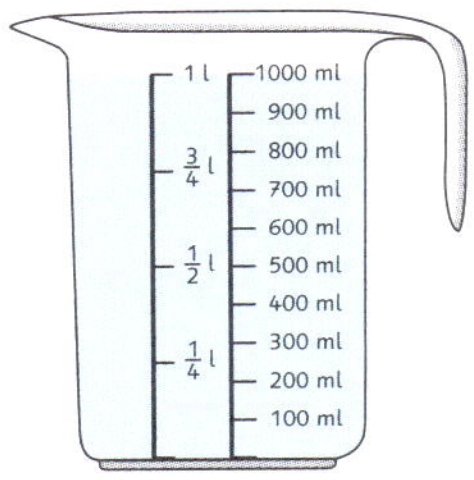

____

c)
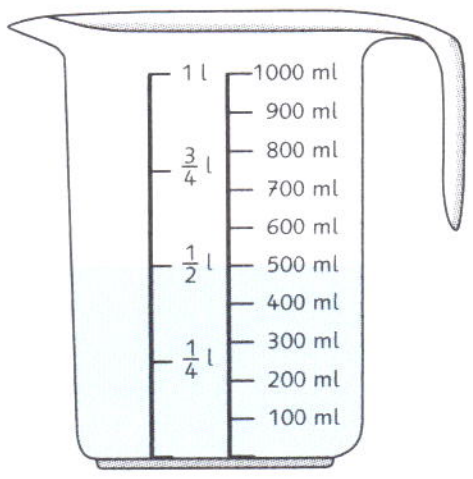

____

d)
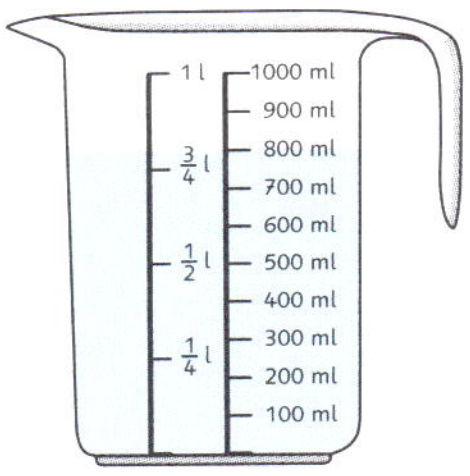

____

4 Mehr oder weniger als 1 Liter? Kreuze an.

a)
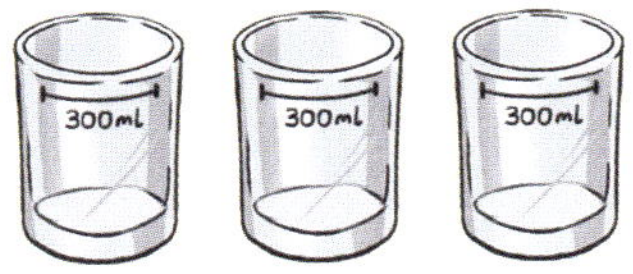

○ mehr
○ weniger

b)
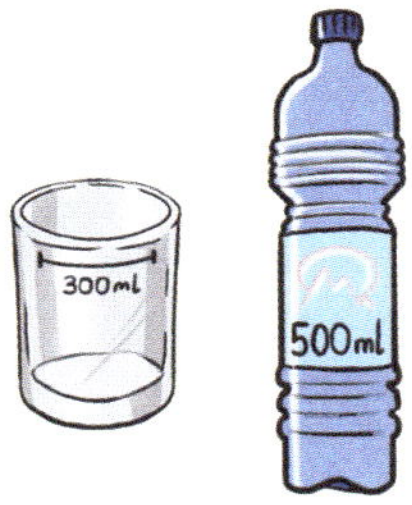

○ mehr
○ weniger

c)

○ mehr
○ weniger

Direkter Vergleich von Volumina durch Umfüllen **1** Mit Messbechern arbeiten und Volumina von Gefäßen näherungsweise bestimmen **2** Größenvorstellungen zu Liter und Milliliter thematisieren und Zusammenhang wiederholen

Addieren und subtrahieren bis 1000

(1) Rechne auf deinem Weg.

a) 390 + 120 = ______ b) 340 – 160 = ______

(2) Male die Karten passend an.
Ergänze weitere Aufgaben.

450 600 750

300 + 150	320 + 430	900 – 150	250 + 350
395 + 55	900 – 450	1 000 – 400	950 – 350
810 – 60	______	______	______

(3) Welche Aufgaben rechnest du im Kopf? Löse sie zuerst.
Rechne die anderen schriftlich.

a) 230 + 110 = ______

b) 265 + 438 = ______

c) 560 – 340 = ______

d) 653 – 133 = ______

: 220, 340, 520, 703

(4) Rechne schriftlich.

a)

	2	3	6
+	3	4	2

b)

	4	5	8
+	2	1	4

c)

	7	5	3
–	3	2	5

d)

	6	3	2
–	2	1	9

Bei Bedarf mit Material oder mit Zahlbildern arbeiten und dazu sprechen;
3 Rechenstrategien thematisieren und bewusstmachen, wann welche Strategie günstig ist

Multiplizieren und dividieren bis 1000

1 Kleine Aufgaben – große Aufgaben. Male und rechne.

2 · 3= ___	800 : 4 = ___	8 : 4 = ___
9 : 3 = ___	2 · 300 = ___	5 · 20 = ___
5 · 200 = ___	80 : 4 = ___	90 : 3 = ___
2 · 30 = ___	900 : 3 = ___	5 · 2 = ___

2 Zeichne Zahlbilder oder schreibe deinen Weg auf.

a) 3 · 24 = ___

b) 72 : 6 = ___

3 a) 2 · 16 = ___ b) 5 · 42 = ___ c) 48 : 4 = ___ d) 96 : 8 = ___

4 · 23 = ___ 6 · 64 = ___ 33 : 3 = ___ 72 : 3 = ___

4 Zerlege und rechne geschickt.

a) 45 : 4 = ___ R ___ b) 96 : 5 = ___ R ___

32 : 3 = ___ R ___ 74 : 6 = ___ R ___

5 Vergleiche. Setze <, > oder = ein.

a) 2 · 25 ◯ 50 b) 4 · 25 ◯ 110

2 · 15 ◯ 35 3 · 32 ◯ 96

6 Schreibe Multiplikations- und Divisionsaufgaben auf, die du rechnen kannst. Löse diese.

Bei Bedarf mit Material oder mit Zahlbildern arbeiten und dazu sprechen;
Rechenstrategien thematisieren und bewusstmachen, wann welche Strategie günstig ist
4 Division mit Rest an Zahlbildern wiederholen

Wiederholung

1 Welche Aufgaben rechnest du im Kopf? Löse diese zuerst.
Rechne die anderen schriftlich.

a) 210 + 360 = ______

b) 365 + 216 = ______

c) 800 − 730 = ______

d) 645 − 123 = ______

70, 522, 570, 581

2

a) 3 · 40 = ______
6 · 50 = ______

b) 4 · 15 = ______
5 · 23 = ______

c) 180 : 9 = ______
240 : 3 = ______

d) 420 : 3 = ______
520 : 4 = ______

20, 60, 80, 115, 120, 130, 140, 300

3 Male die Karten passend an. Ergänze weitere Aufgaben.

300 500 800

6 · 50	950 − 450	150 + 150	420 − 120
980 − 180	5 · 100	1 000 : 2	280 + 220
430 + 370	2 · 250	900 : 3	2 · 400

______ ______ ______

Diese Seite als Diagnoseinstrument einsetzen und selbstständig bearbeiten lassen, danach Lösungen erklären lassen.

1000 und mehr

1 Wie viele einzelne Dinge sind es jeweils? Verbinde.

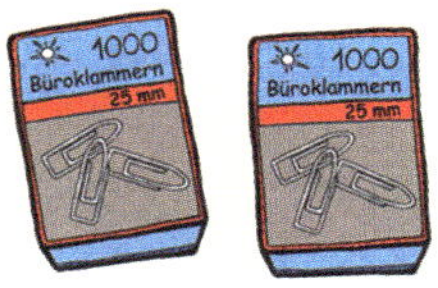

2 000
5 000
3 000
1 000

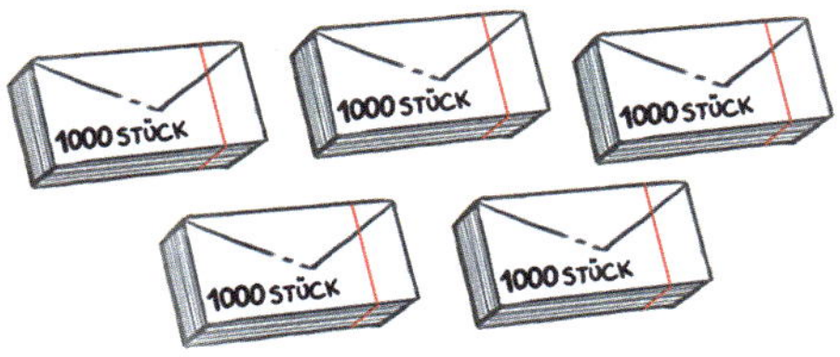

2 Wie viele Euro sind es? Ordne zu.

2 500 €	2 000 €	1 000 €

3 Welche Zahlen sind dargestellt?

a)

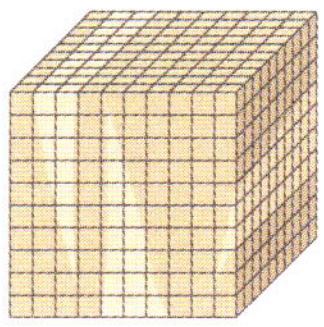

b)

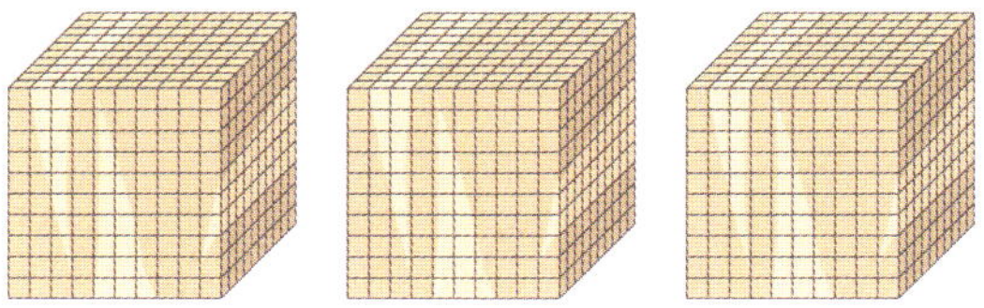

1 Geschicktes Zählen besprechen
2 Mit Rechengeld arbeiten und weitere Beispiele finden
3 Bei Bedarf mit Material arbeiten, weitere (An-)Zahlen legen und bestimmen lassen

Der Zahlenraum bis 10 000

(1) Ergänze.

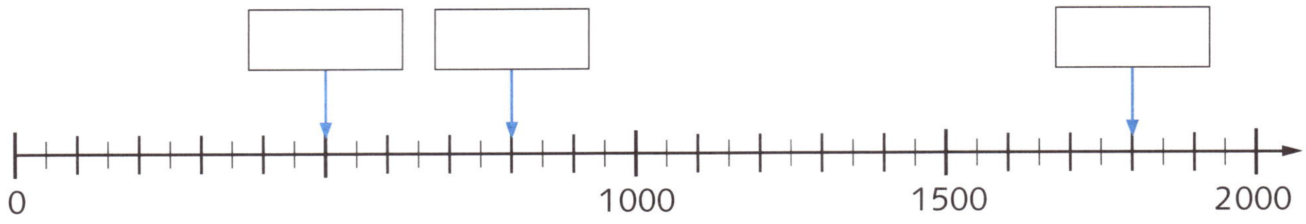

(2) Setze die Reihen fort.

a) 900, 1 000, 1 100, ________, ________, ________, ________

b) 2 000, 1 900, 1 800, ________, ________, ________, ________

(3) Vergleiche. Setze < oder > ein.

a) 100 ◯ 200

1 000 ◯ 2 000

b) 500 ◯ 300

5 000 ◯ 3 000

c) 500 ◯ 700

1 500 ◯ 1 700

(4) Ordne die Zahlen der Größe nach. Beginne mit der größten Zahl.

| 1 500 | 100 | 2 000 | 999 | 1 000 |

________ > ________ > ________ > ________ > ________

(5) Überlege und rechne.

a) 3 + 5 = ________

300 + 500 = ________

3 000 + 5 000 = ________

b) 5 − 2 = ________

500 − 200 = ________

5 000 − 2 000 = ________

1 Anordnung der Zahlen am Zahlenstrahl erkunden und Beziehungen zwischen dem Zahlenraum bis 1000 und bis 2000 entdecken **2** Die erkannten Beziehungen zum Fortsetzen von Reihen nutzen **3 bis 5** Bei Bedarf mit Material arbeiten und weitere Beispiele finden

Reise in Klasse 4

1000, ___, ___, ___, 5000, ___, ___, 8000

+	20	50	150
80			
250			

−	50	70	100
170			
450			

$5 \cdot 12 =$ ___

$4 \cdot 23 =$ ___

$360 : 6 =$ ___

$180 : 3 =$ ___

___ + ___ = 1 000

___ + ___ + ___ = 1 000

350, 400, 450, ___, ___, ___

1 000, 900, 800, ___, ___, ___

	3	2	5
+	2	4	3

	3	5	8
+	1	2	4

	5	4	8
−	2	1	4

	8	5	1
−	2	2	9

Diese Seite als Diagnoseinstrument einsetzen und selbstständig bearbeiten lassen, danach die Lösungen erklären lassen. Dann kann man darüber reflektieren, was alles geschafft wurde bzw. wo es noch Unsicherheiten gibt.

Jo-Jo

Mathematik 3
Arbeitsheft Fördern

Herausgegeben von Dr. Andrea Schulz

Erarbeitet von Dr. Lorenz Huck, Jana Köppen, Dr. Andrea Schulz
(Mitarbeiter/innen der Duden Institute für Lerntherapie)

Redaktion Claudia Thomas
Illustrationen Doris Umschaden (Kinder und Hund nach Entwürfen von Imke Sönnichsen-Kerres), Imke Sönnichsen-Kerres (Jojo), Barbara Jung
Grafik Christine Wächter
Umschlagillustration Doris Umschaden, Barbara Jung
Layoutkonzept Heike Börner
Layout und technische Umsetzung Marion Röhr, MeGA 14

Bildnachweis: S. 4, 5, 6, 23, 24, 25, 33, 36, 52, 67, 68, II weißer Fond: Shutterstock.com/Artenex;
S. 14 Seeadler: stock.adobe.com/wildlifephoto-demmel; S. 43 Helgoland: stock.adobe.com/mirubi

www.cornelsen.de

1. Auflage, 4. Druck 2025

Alle Drucke dieser Auflage sind inhaltlich unverändert und können im Unterricht nebeneinander verwendet werden.

Druck: Drukarnia Dimograf Sp. z o.o., Bielsko-Biała

ISBN 978-3-06-082266-9

PEFC-zertifiziert
Dieses Produkt stammt aus nachhaltig bewirtschafteten Wäldern und kontrollierten Quellen
www.pefc.pl
PEFC/32-31-076